world-architects monographs #1

D1703645

SCHNEIDER & SCHNEIDER
REAKTION, KREATION / REACTION, CREATION

Herausgegeben von / edited by
Michael Hanak

INHALT / CONTENTS

«Es interessiert uns doch vielmehr die Haltung eines Gebäudes: seine Proportion, ob es steht oder liegt, ob es schwer auf dem Boden steht, aus ihm aufzutauchen scheint oder über ihm schwebt, ob es eine Trennung zum Himmel erfährt oder sich langsam zu verflüchtigen scheint, ob es hermetisch abgeschlossen ist oder Poren hat, Verhaltensweisen also, die wir mit unserem Körper nachempfinden können, die bei uns Unbehagen oder Vergnügen auslösen können und sich gerade nicht mit der Erinnerung an unsere Unzulänglichkeiten zufriedengeben.»

"We are, really, much more interested in the composure of a building: its proportions, whether it stands or lies, whether it rests heavily on the ground, appears to surface from it, or float over it; whether there is a separation from the sky, or if it seems to slowly vanish; whether it is hermetically sealed or has pores – qualities we can relate to with our bodies, that can trigger pleasure and also discomfort."

HANS KOLLHOFF
(DER MYTHOS DER KONSTRUKTION UND DAS ARCHITEKTONISCHE,
IN: HANS KOLLHOFF (HRSG.), ÜBER TEKTONIK IN DER BAUKUNST,
BRAUNSCHWEIG/WIESBADEN 1993, S.16.)

REAKTION AUF BESTEHENDES, KREATION VON NEUEM

Bauen heisst heute in den allermeisten Fällen, zwischen anderen Gebäuden zu bauen. Neu bauen auf der grünen Wiese, ohne Rücksicht auf die gewachsene Umgebung zu nehmen, das gibt es nur mehr selten. Bauen heisst heute in vielen Fällen, ein bestehendes Gebäude zu erneuern und zu erweitern. Unter diesen Voraussetzungen gilt es beim Entwerfen, auf den baulichen Kontext oder auf das bestehende Gebäude zu reagieren. Architekten planen in der Regel zwangsläufig in Reaktion auf das am gegebenen Ort bereits Bestehende. Diese Reaktion kann unterschiedlich ausfallen und mittels verschiedener Strategien angegangen werden.

Bauen bedeutet immer auch, etwas Neues zu schaffen. Von der ersten Idee über die Skizzen und die Projektpläne bis zur Ausarbeitung der Details vollziehen Architekten einen kreativen Prozess, während dem sie zahllose Entscheidungen fällen. Entscheidungen über die Gestaltung eines jeden Gebäudeteils, ob gross oder klein, beinhalten immer auch aktive schöpferische Arbeit. Neues zu kreieren, bedeutet in der Architektur unweigerlich, einen zeitgenössischen Beitrag an unsere Umwelt zu leisten. Freilich unterscheiden sich architektonische Kreationen in mancherlei Hinsicht, sei es durch die Voraussetzungen der Bauaufgabe oder sei es aufgrund der individuellen Vorlieben des Architekten.

Schneider & Schneider Architekten kreieren Neues, indem sie auf den Bestand reagieren. Es ist ihnen ein zentrales Anliegen, das aktuell Projektierte angemessen in die bestehende Umgebung zu integrieren. Das bedeutet, dass sie vom ortsbaulichen Kontext ausgehen, ein für den Ort passendes Projekt entwickeln und mit jedem Bauwerk einen zeitgemässen Beitrag

REACTION TO THE EXISTING, CREATION OF SOMETHING NEW

In nearly all cases, building today means building among other buildings. Building something new in green-field development, without taking the evolved surroundings into consideration is rare nowadays. In most cases, building today comprises renovating and expanding an existing structure. When designing, these conditions mandate reacting to the structural context and standing structures. As a rule, architects inevitably plan in reaction to what already exists at a given site. This reaction can occur in different ways and be approached using different means.

Building also always means creating something new. From the initial idea through sketches and project plans to working out details, architects carry out a creative process in which they make countless decisions. Decisions about the design of every section of a building, whether large or small, always involve active, creative work. In architecture, creating something new inevitably means making a contemporary contribution to our environment. Architectural creations differ, of course, in various aspects, whether through the requirements of the building task or based on the individual preferences of the architect.

Schneider & Schneider Architekten create something new by reacting to the existing stock. Among their central concerns is the proper integration of the planned structure into the available surroundings. Starting from the local architectural context, they develop a project suitable for the site and make a contemporary contribution with every construction. The matter at hand is not simply coming to terms well or poorly with what is found. Instead, it is about

1 EINFAMILIENHAUS LANDHAUSWEG, AARAU, 1998
2 EINFAMILIENHAUS AHORNWEG, AARAU, 2000/01

leisten. Es geht nicht einfach darum, sich mit dem Vorgefundenen wohl oder übel zu arrangieren. Es handelt sich vielmehr um einen respektvollen Umgang mit der Vergangenheit, um Rücksichtnahme, die bestehende Qualitäten aufgreift und neue hinzusetzt. Schneider & Schneider planen aus der Gegenwart heraus, aufgrund der aktuellen Bedürfnisse und mittels der aktuellen bautechnischen Möglichkeiten. Daran lassen sie keinen Zweifel, ihre gegenwärtige Eigenleistung verleugnen sie nicht im Geringsten. Im Heute einen adäquaten Umgang mit dem Bestand zu suchen und darin die Inspiration für Neues zu finden, das beurteile ich als eine zukunftweisende Arbeitshaltung.

BESTEHENDES TRANSFORMIEREN

Als die Brüder Thomas und Beat Schneider 1997 von einem Freund für den Umbau seines Hauses angefragt wurden, hatten sie eigentlich noch kein eigenes Büro. Dennoch sagten sie sofort zu und nahmen den Auftrag als Anlass, gemeinsam ein Architekturbüro zu gründen. Darüber hinaus reizte sie die Bauaufgabe: Ein Einfamilienhaus, das nach rund 30 Jahren seinen ersten Lebenszyklus abgeschlossen hatte, sollte erneuert und erweitert werden. Schneider & Schneider, wie sie ihr Büro kurzerhand tauften, wählten die Strategie einer Transformation: eine Umwandlung des Bestands. Das Erdgeschoss inklusive Eingangsvordach und Carport übernahmen sie, es wurde aber grau gestrichen. Das Obergeschoss unter dem asymmetrischen Satteldach, wie es für viele Einfamilienhäuser Ende der 1960er-Jahre charakteristisch ist, wich jedoch einem streng kubischen, flachgedeckten Aufbau, der bis über den Carport hinaus ausgedehnt und rundum mit Zedernholz eingekleidet wurde. Die nun geräumigeren Schlafzimmer erhielten Panoramafenster, die auf das landwirtschaftlich genutzte Wiesland hinausblicken lassen. Somit passten die Architekten das Haus nicht nur den veränderten Ansprüchen der Bewohner an. Sie verliehen ihm auch einen neuen architektonischen Ausdruck. Der übernommene gemauerte Sockel und die daraufgelegte «Holzkiste» bilden in Material und Farbgebung Gegensätze, die sich in der Formensprache in überzeugender Art vereinen (→1). Alt und Neu unterscheiden sich und bilden doch eine selbstverständlich wirkende Einheit. Insofern

treating the past with respect, with consideration, adopting existing qualities and adding new ones. Schneider & Schneider's plans are based in the present, on current needs, and make use of structural engineering's most recent possibilities. They leave no doubt about that and in no way deny their own, current contribution. Searching for an adequate way of dealing with what exists in the present, and finding inspiration for something new in that, now that is what I consider a future-oriented attitude to work.

TRANSFORMING WHAT EXISTS

When brothers Thomas and Beat Schneider were asked by a friend in 1997 if they would renovate his house in Aarau, they did not even have their own office yet. They nonetheless immediately agreed and took the commission as the occasion to found an architectural office together. But above and beyond that, they were inspired by the building task: a single-family house that had lived through its first life cycle of roughly thirty years should be renovated and expanded. Schneider & Schneider, as they named their office without further ado, chose the strategy of transformation: a conversion of the existing stock. They took over the ground storey, including the roof over the entryway and the carport, but painted it grey. The top storey under the asymmetrical gabled roof, however, which was characteristic for many single-family homes from the late 1960s, gave way to a strictly cubic, flat-roofed addition that stretches out beyond the carport

2

and is clad all around with cedar. The bedrooms, which are now more spacious, also gained panorama windows, enabling a view of the cultivated fields. The architects, thus, not only adapted the house to the

war der Umbau des Einfamilienhauses am Landhaus-weg in Aarau ein bezeichnender Erstlingsbau des Büros. Der 2000/01 durchgeführte Umbau des Einfami-lienhauses am Ahornweg in Aarau (→2) und das Pfarreiheim St. Sebastian in Wettingen von 2011 (→3) (siehe S. 56) folgten im Grunde derselben Strategie. Transformationen bestehender Gebäude erfreuen sich seit Ende der 1990er-Jahre zunehmender Beliebtheit. Ein prominentes und radikales Beispiel dieser Art steht in Zürich: das SIA-Hochhaus, das 2006/07 von Romero & Schaefle Architekten saniert wurde. Der Tragstruktur des zwischen 1967 und 1970 erbauten Hochhauses wurde eine neue Fassade vorgehängt.

4

Abwechslungsweise nach vorne und nach hinten gekippte Fensterfronten verleihen dem Bau eine plasti-sche Gesamtform, die es zwar so nie gab, die aber so hätte sein können (→4). Alt und Neu verbinden sich im stetigen Wandel.

VORHANDENES ERGÄNZEN
1999, im dritten Jahr nach der Bürogründung, gewan-nen Schneider & Schneider den Wettbewerb für die Erweiterung und den Umbau des Gemeindehauses in der aargauischen Gemeinde Hausen. Als die Gemeindeverwaltung den Bau drei Jahre später bezog, trat die dem Projekt zugrunde liegende Strategie zutage. Das bereits bestehende Gemeindehaus, das ursprüngliche Dorfschulhaus, bildet aufgrund seiner Stellung an der Hauptstrasse und nicht zuletzt dank seiner klassizistischen Gestaltung mit regelmässigen Fensterachsen, Stockwerkgesims

changed requirements of the inhabitants, but also gave it a new architectural expression. In terms of material and colouring, the adopted masonry base and "wooden box" placed on top of it form opposites that convincingly unite in the formal language (→1). Old and new differ yet nonetheless construct a unity that appears natural. In this respect, the renovation of the house Landhausweg in Aarau was a significant premiere structure for the office. The conversion of the house Ahornweg in Aarau carried out in 2000/01 (→2) and the St. Sebastian parish community centre in Wettingen in 2011 (→3) (see p. 56) followed essentially the same strategy.
Transformations of existing buildings have enjoyed increasing popularity since the end of the 1990s. A prominent and radical example is situated in Zurich: the SIA-Hochhaus, which was renovated by Romero & Schaefle Architekten in 2006/07, whereby a new façade was hung before the load-bearing structure of the high rise built from 1967 to 1970. Alternately forward and backward tipping glass façades lend the building an overall sculptural form, which it never actually had, although it possibly could have (→4). Old and new combine in continuous change.

SUPPLEMENTING WHAT EXISTS
In the third year after the founding of the office, 1999, Schneider & Schneider won the competition for the expansion and renovation of the municipal build-ing in the Aargau community of Hausen. When the municipal authorities moved into the building three years later, the concept on which the project was based came to light. The already existing municipal building, the original village schoolhouse, forms a natural eye-catcher in the townscape due to its posi-tion on the main street, and no least thanks to its classicist design with regular window alignment, sto-rey moulding, and corner pilaster strips. For the expansion, which attaches laterally, flush with the older structure, Schneider & Schneider chose an entirely contradictory repertoire of forms: a cubic, upwardly staggered volume with a flat roof, smooth plaster walls, and extensive, mainly outlying window surfaces, with extremely subtle metal profiles for the win-dow frames and roof borders: A self-confident addition rather than ingratiation. The contrasts highlight the characters of both building parts. One begins to

3

3 PFARREIHEIM ST. SEBASTIAN, WETTINGEN, 2009–2011
4 SIA-HOCHHAUS IN ZÜRICH, ROMERO & SCHAEFLE, 2006/07

und Ecklisenen einen natürlichen Blickfang im Ortsbild. Für den Erweiterungsbau, der seitlich bündig an den Altbau anschliesst, wählten Schneider & Schneider ein völlig entgegengesetztes Formenrepertoire: ein kubisches, in der Höhe gestuftes Volumen mit Flachdach, glatten Putzwänden und grossflächigen, meist aussenliegenden Fensterflächen, feinsten Metallprofilen für Fensterrahmen und Dachabschluss. Null Anbiederung, vielmehr selbstbewusstes Hinzusetzen. Die Gegensätze schärfen den Blick auf die Charaktere der beiden Gebäudeteile. Man beginnt die Körperhaftigkeit oder die Fensterunterteilungen zu vergleichen. Der Altbau bleibt bestehen, wie er ist. Der Anbau hebt sich deutlich ab. Er zeichnet sich durch das Wechselspiel von Wand- und Fensterflächen aus, durch seine Proportionen und nicht zuletzt durch seine äusserst sorgfältige Detaillierung (→6) (siehe S. 26). Es ist eine Strategie der sich klar unterscheidenden Erweiterung: Der Bestand wird ergänzt, in neuer Formensprache fortgeführt, ohne sich aber etwa durch eine Fuge oder ein Verbindungsglied abzugrenzen. Manche andere Bauten von Schneider & Schneider, beispielsweise der Pavillon zu einer Villa an der Weltistrasse in Aarau (siehe S. 72), folgen dieser Prämisse.

Bis in die 1990er-Jahre hinein war es üblich, Erweiterungsbauten durch Fugen oder vermittelnde Übergänge – vornehmlich aus Glas – vom bestehenden Gebäude abzusetzen. Später setzte sich vermehrt

7

die Auffassung durch, dass ein Anbau direkt an den Altbau anschliessen darf, dass er diesen fortsetzen soll, wenn auch in zeitgenössischem Ausdruck. Ein richtungsweisendes Beispiel aus jener Zeit ist das Naturama Aarau, das Arthur Rüegg zwischen 1999 und

compare the corporeality and the subdivision of the windows. The older building remains as it is. The addition clearly sets itself apart from it and is distinguished through the interplay of wall and window surfaces, proportions, and no least, through its extremely careful detailing (→6) (see p. 26). The strategy is one of clearly differentiated expansion: the

6

existing inventory is supplemented, continued in a new language of forms, but without bordering itself off by a joint or connecting link. Several of Schneider & Schneider's buildings, such as the pavilion for a villa on Weltistrasse in Aarau (see p. 72), follow these premises.

Into the 1990s, it was still common to set off extensions from existing buildings by joints or mediating transitions, principally of glass. Later, the idea that an extension could connect directly to the old structure, that it should continue it, albeit in a contemporary expression increasingly gained acceptance. A trend-setting example from that era is the Naturama Aarau built by Arthur Rüegg from 1999 to 2001 (→7). Starting from an analysis of the site, Rüegg conducted an insightful repair in terms of urban development. The older building and the adjoining new building are clearly differentiated in their forms and features, but are brought into an engrossing relationship. Old and new are engaged in a close dialogue, and mutually condition one another.

BLURRING TRANSITIONS
A further strategy in the handling of existing buildings in a charged historical and urban planning context is shown by the cafeteria and media centre building of

5

5 WOHNHAUS MIT PFERDESTALLUNGEN, FREIAMT, 2008/09
6 GEMEINDEHAUS HAUSEN, 2001/02
7 NATURAMA AARAU, ARTHUR RÜEGG, 1999–2001

8 MENSA UND MEDIENZENTRUM ALTE KANTONSSCHULE AARAU, 2007/08
9 AARGAUER KUNSTHAUS AARAU, HERZOG & DE MEURON, 2001–2003

2001 erbaute (→7). Aus der Analyse des Orts heraus nahm Rüegg eine einfühlsame städtebauliche Reparatur vor: Altbau und daran anschliessender Neubau sind in ihren Formen und Merkmalen klar unterschieden, aber in eine spannungsvolle Beziehung gebracht. Alt und Neu stehen im engen Dialog und bedingen sich gegenseitig.

ÜBERGÄNGE VERSCHLEIFEN

Eine weitere Strategie im Umgang mit bestehenden Bauten in einem historisch und städtebaulich spannungsvollen Kontext zeigt das Mensa- und Medienzentrumgebäude der Alten Kantonsschule Aarau. Im Studienauftrag 2005 war Schneider & Schneiders Projekt zur Ausführung bestimmt worden und konnte 2008 abgeschlossen werden. Das Hauptgebäude der Kantonsschule hatte Karl Moser 1893 bis 1896 erbaut. Der benachbarte Hauptsitz des Aargauischen Versicherungsamts aus den 1930er-Jahren konnte für die Schule umgenutzt und entsprechend umgebaut werden. Um den Raumbedarf unterzubringen und zugleich die Parkanlage gegen die Strasse abzuriegeln, hängten die Architekten dem quaderförmigen Gebäude einen abgewinkelten, konisch zulaufenden Annex an. Diese Erweiterung übernimmt das Fassadenbild in zeitgenössischer Interpretation. Vorfabrizierte Betonelemente am Anbau führen die Natursteinplatten des Altbaus im selben Farbton, doch in vergrösserten Formaten fort. Was alt und was neu ist, erschliesst sich erst bei genauerem Hinsehen. Dann erkennt man die Analogien wie auch die Differenzen. Allerdings sind die Übergänge verschliffen, alte und neue Gebäudeteile verschmelzen miteinander (→8) (siehe S. 40). Einen im Prinzip ähnlichen Ansatz verfolgten Schneider & Schneider bei der Erweiterung des Seniorenzentrums in Küttigen 2008–2010 (siehe S. 50).

Ein in doppeltem Sinn naheliegendes Anschauungsbeispiel für die Strategie des Verschmelzens von Alt und Neu, das bis über die Landesgrenzen hinaus bekannt ist, bietet die Erweiterung des Kunsthauses Aarau, die Herzog & de Meuron 2001 bis 2003 ausführten (→9). Es handelt sich weniger um eine totale Überformung des Bestands als vielmehr um einen behutsamen, gleichsam chirurgischen Eingriff in das bestehende Gebäude und eine Fortführung von dessen Architekturmerkmalen. An das Kunsthaus

the old secondary school in Aarau. Schneider & Schneider's project was designated for realisation in the 2005 study commission, and was completed in 2008. Karl Moser had built the main building of the secondary school from 1893 to 1896. The neighbouring headquarters of the Aargauisches Versicherungsamt (Aargau Insurance Office) from the 1930s could be converted for use by the school and modified accordingly. In order to accommodate the space requirements, and at the same time, block off the park facility from the street, the architects attached an angled, conically tapered annex onto the solid rectangular building.

This extension assumed the façade image in a contemporary interpretation. Prefabricated concrete elements on the annex continue the natural stone panels of the old building in the same colour tone, but in enlarged formats. What is old and what is new are revealed only upon closer inspection. One then recognises the analogies, as well as the differences. However, the transitions are blurred, the old and new buildings blend together (→8) (see p. 40). In the expansion of the senior centre in Küttigen 2008–2010, Schneider & Schneider followed what was, in principle, a similar approach (see p. 50).

A vivid example, in a double sense, of the strategy of blending old and new, well-known beyond the country's borders, is provided by the expansion of

9

the Kunsthaus Aarau carried out by Herzog & de Meuron from 2001 to 2003 (→9). Rather than a total reshaping of what is there, it is a precise, quasi surgical intervention in the existing building and a continuation of its architectural features. The single-storey annex structure connects seamlessly

aus den 1950er-Jahren, ein ebenso charaktervolles wie subtiles Bauwerk von Loepfe, Hänni & Hänggli, schliesst der eingeschossige Annexbau nahtlos an und übernimmt von diesem vor allem die geschosshohe Verglasung. Zugleich greift der Anbau in den Altbau hinein. Damit liest sich die Erweiterung wie eine Fortsetzung der ursprünglichen Fensterfront am Altbau, als ob das Haus natürlich weitergewachsen wäre. Alt und Neu bilden eine gleichförmige Einheit.

NACHVERDICHTUNG EINPASSEN

Ein respektvoller Umgang mit bestehenden Bauten bewirkt eine integrative Haltung gegenüber der umgebenden Bebauung. Umgewandelte, erweiterte und weitergewachsene Bauten sollen innerhalb des etablierten Umfeldes selbstverständlich wirken. Steht ein Neubau an, so stellt sich die Frage nach dem Kontext noch grundlegender: Wie kann sich der Einzelbau in die Gemeinschaft einfügen, wie sich der Baukörper in das Stadtgefüge einpassen? Am 2006 fertiggestellten Wohn- und Geschäftsgebäude Herzoghaus in Aarau meistern Schneider & Schneider die Herausforderung, einen Neubau städtebaulich einzubetten und ihm gleichwohl eine selbstbewusste Ausstrahlung zu verleihen. Seit das einstige Industriegebiet beim Bahnhof zur fünfgeschossigen Wohn- und Gewerbezone erklärt wurde, gilt es als primäres städtisches Entwicklungsgebiet. Dort entstanden in den letzten Jahren zahlreiche Grossbauten. Eine Parzelle in einer Strassengabelung war aber so klein, dass das Gebäude turmartige Proportionen annehmen musste. Mit einem polygonalen Grundriss und abgerundeten Ecken wird die Gebäudeform den verschiedenen Richtungen der Strassen und dem umgebenden Verkehr gerecht. Mit dem grünlich-gelben Anstrich hebt sich das verputzte Haus von der Nachbarschaft ab (→11) (siehe S. 76). Mit der maximalen Ausnutzung trägt es zur angestrebten Dichte des Stadtquartiers bei. Eine ähnliche Balance zwischen städtebaulicher Einpassung und Nachverdichtung fanden Schneider & Schneider beim Wohnhaus an der Distelbergstrasse in Aarau. Es überragt die benachbarten Einfamilienhäuser deutlich, doch nimmt es sich in der Tonalität zurück und fügt sich mit der abgekanteten und abgetreppten Gebäudegeometrie in die Situation ein (siehe S. 90). Im Fall der Aarauer

with the Kunsthaus from the 1950s – a construction by Loepfe, Hänni & Hänggli that is as full of character as it is subtle – and adopts mainly its floor-to-ceiling glazing. At the same time, the annex reaches into the older building. With that, the expansion reads like a continuation of the original window front on the older building, as though the house had continued to grow in a natural process. Old and new together shape a homogeneous entity.

ADJUSTING TO RE-DENSIFICATION

A respectful handling of existing structures yields an integrative attitude toward the surrounding development. Converted and expanded structures and those that have continued to grow should appear natural within the established environment. When a new building is planned, then the question of the context is even more fundamental: How can an individual building merge into the community, how can the building volume fit into the fabric of the city? "Herzoghaus", a residential and commercial building in Aarau, completed in 2006, makes evident how Schneider & Schneider cope with the challenges of embedding a new building in urban planning terms and nevertheless, grant it a self-confident charisma. Ever since the former industrial area near the railroad was declared a five-storey residential and commercial zone, it has been considered a primary developmental area in the city. Numerous large

11

structures have arisen here in recent years. A plot of land at a fork in the road, however, was so small that the building had to adopt tower-like proportions. With a polygonal ground plan and rounded corners, the building form copes with the various directions of

10

10 EINFAMILIENHAUS KIRCHMOOSSTRASSE, ZOFINGEN, 2004/05
11 WOHN- UND GESCHÄFTSGEBÄUDE HERZOGHAUS, AARAU, 2005/06

17

12

Wohnhäuser Rössligut schöpften Schneider & Schneider die erlaubte Dichte, nicht aber die mögliche Viergeschossigkeit aus. Vielmehr setzen die drei Mehrfamilienhäuser in ihrer kompakten Volumetrie

13

und ihrer Positionierung im umgebenden Garten die Bebauungsstruktur des Villenquartiers fort (→13) (siehe S. 122). Nicht zufällig erinnern sie typologisch an Hans Kollhoffs «Stadtvillen»-Überbauung in Berlin (→14).

FORMEN UND OBERFLÄCHEN, RÄUMLICHE VERBINDUNGEN
Überblickt man Schneider & Schneiders bisherige 17-jährige Bürotätigkeit und die rund 80 ausgeführten Bauprojekte in ihrer Werkliste, sticht der kreative Umgang mit dem Bestand als durchgängiges Thema heraus. Es ist aber bei Weitem nicht das einzige Interesse der Architekten. Zunächst ist da die grundlegende Affinität zu reduzierten Geometrien und irregulären Gebäudeformen. Bisweilen resultieren ungewöhnliche Grundrissformen aus den Grundstücksgrenzen. Darüber hinaus treibt sie aber offensichtlich eine Lust an, von der orthogonalen Normalität abzuweichen. Dies äussert sich in der Silhouette, in Gebäudeeinschnitten oder an Dachaufbauten. Des Weiteren schenken Schneider & Schneider Materialien und deren Strukturen und Texturen besondere Aufmerksamkeit. In ihren Büroräumen reihen sich unzählige Muster von Materialproben und Fassadenbekleidungen als Resultat langwieriger Recherchen. Diese Mustersammlung weist auf das ausgesprochene Bestreben hin, den

the streets and the traffic surrounding it. With the greenish-yellow coat of paint, the plastered structure sets itself off from the neighbourhood (→11) (see p. 76). Through maximum utilisation of the space, it contributes to the urban quarter's desired density. With the residential building on Distelbergstrasse in Aarau, Schneider & Schneider achieved a similar balance between integration in terms of urban planning and re-densification. The structure clearly towers over the neighbouring single-family homes, but withdraws in its tonality, and blends into the situation with its rounded and stepped building geometry (see p. 90). In the case of the housing development Rössligut in Aarau, Schneider & Schneider exhausted the allowed density, but not the possible four-storeys. Instead, the three multi-family homes continue the developmental structure of the villa quarter with their compact volumes and positioning within the surrounding garden (→13) (see p. 122). It is no coincidence that in terms of typology, they

14

recall Hans Kollhoff's "Stadtvillen" block structure in Berlin (→14).

FORMS AND SURFACES, SPATIAL CONNECTIONS
Surveying Schneider & Schneider's eighteen years of activity as an office, and the roughly eighty completed building projects on their work list, the creative treatment of existing stock appears as a continuous theme. However, it is by far not the architects' only interest. First of all, there is the fundamental affinity for reduced geometries and irregular building forms. Sometimes unusual footprint forms have resulted from property borders. However, beyond that, they are driven by a desire to deviate from orthogonal normal-

Bauwerken die jeweils genau passende Oberfläche und Plastizität zu verleihen.

Weitere Merkmale sind vielen Bauten gemeinsam. Auffallend sind die Ausformulierungen der Fenster, deren Proportionierungen und Positionierungen, aber auch deren Unterteilungen und Rahmungen (→15). Wiederkehrend ist die Ausbildung von Kastenfenstern mit einem Lüftungsflügel, die eine natürliche Belüftung und ein optimales Raumklima erlauben. Bemerkenswert sind die Hauseingänge, denen eine aussergewöhnlich liebevolle Durchgestaltung

15

zuteil wird. Vordächer oder Einschnitte in den Baukörper, minutiös detaillierte Handgriffe und Weiteres wirken als willkommensheissende Gesten und machen den Eingang zu einem Ort der Ankunft und des bewussten Eintritts ins Gebäude. Beeindruckend sind ferner die Treppenhäuser, in denen nicht nur mittels Licht, Geländern oder Handlauf, sondern vor allem auch mit räumlichen Mitteln alles für eine hochwertige Atmosphäre getan wird.

Aus notwendigen Erschliessungen wird somit architektonischer Mehrwert. Türen und Fenster wie auch Treppenhäuser bedeuten letztlich räumliche Verbindungen zwischen Aussen- und Innenräumen oder zwischen Stockwerken. Solchen räumlichen Schlüsselstellen messen die Architekten höchste Bedeutung bei.

Die Bauten von Schneider & Schneider stehen hinsichtlich klassischer Strukturen, zeitloser Baustoffe und ausgewogener Proportionen in der Tradition der Moderne. Ausdrücke von spielerischer Leichtigkeit und zeitloser Eleganz hingegen lassen

ity. This expresses itself in the silhouettes, in incisions in buildings, or rooftop annexes. Furthermore, Schneider & Schneider devote particular attention to materials and their structures and textures. Lined up in their office space are countless material samples and façade claddings as a result of their extensive research. This collection of samples refers to the pronounced ambition of lending each structure precisely the right surface and plasticity.

Further features are common to many of their buildings. Noticeable are the formulations of the windows, their proportioning and positioning, but also their subdivision and framing (→15). Recurrent is the design of box windows with a ventilation wing, which enables natural ventilation and an optimal indoor climate. Remarkable are the building entrances, which are bestowed exceptional care in the creation of a consistent design. Awnings and incisions in the building volume, minutely detailed door handles, and more, appear as welcoming gestures, making the entrance a place of arrival and conscious entry into the building. Also impressive are the stairways, in which everything possible is done to create a high-quality atmosphere, not only with light, banisters, hand railings, etc., but also mainly with spatial means. Necessary infrastructure thus becomes architectural added value. Doors and windows as well as stair-

16

ways ultimately mean spatial connections between outside and inside spaces, or between storeys. The architects grant these key spatial positions utmost significance.

Schneider & Schneider's buildings fit in the modernist tradition in terms of their classical structures, ageless

Wahlverwandtschaften zu Bauten der italienischen Nachkriegsmoderne suchen (→16). Dem Heute verhaftet scheint am ehesten das besondere Augenmerk auf die Materialisierung und die Oberflächenbeschaffenheit. Im Umgang mit vorhandener Bausubstanz bedienen sich Schneider & Schneider eines Repertoires von Ansätzen, das zwischen Umwandlung und Überformung hin- und herpendelt und ganz Ausdruck seiner Zeit ist. Die Leidenschaft für eine massgeschneiderte Kontextualisierung zieht sich wie ein roter Faden durch das Werk der Architekten.

building materials, and well-balanced proportions. Expressions of playful lightness and timeless elegance, on the contrary, let us search for affinities to buildings of Italian post-war modernism (→16).

Most clearly bound to the present are the special attention to the choice of materials and finishes. In dealing with existing built volumes, Schneider & Schneider manage a repertoire containing approaches that oscillate from conversion to transformation; and that is entirely an expression of its era. The passion for customised contextualisation runs like a common theme throughout the architects' work.

15 BÜRO- UND GESCHÄFTSHAUS HOFGARTEN, BERLIN-MITTE, HANS KOLLHOFF, 1994–1997
16 PALAZZO MONTECATINI, MAILAND, GIO PONTI, 1936–1938

Die Thematik, bestehende Bauten zu erweitern, ist so alt wie die Architektur selbst. Schrittweise dazubauen heisst, mit vorhandenen Mitteln umzugehen und jedes Mal auf die aktuellen Bedürfnisse zu reagieren. Ein zentrales Anliegen dabei ist der Respekt vor der angetroffenen Situation. Bauen im Bestand heisst Rücksicht nehmen auf das Gebaute vorangegangener Generationen. Oft gibt schon der schonungsvolle Umgang mit den vorhandenen Ressourcen den Anstoss dazu.

Bei Erweiterungen bestehender Gebäude lassen sich verschiedene Strategien auseinanderhalten. Veränderte oder neue Bedürfnisse rufen nach neuen Räumen, die in unterschiedlicher Art hinzugefügt werden können. Je nach Ausgangslage und Raumprogramm stehen sich Bestand und Erweiterung in anderen Massenverhältnissen gegenüber und werden in Gehalt und Aussage auch anders gewichtet. Je nach Interpretation des Bestehenden wird das Hinzuzubauende als Komplementierung, Fortführung oder Fremdkörper entworfen. Ohne den eigenen Eingriff zu verleugnen, kann der Architekt ihn unterordnen, in den Vordergrund rücken oder dem Ganzen ein einheitliches – altes oder neues – Gesicht verleihen. Ein entscheidender Aspekt ist der Übergang zwischen Alt und Neu: Vermittelt eine Fuge? Wandelt sich der architektonische Ausdruck? Oder lässt sich der Wechsel kaum ausmachen?

Im Charakter unterscheiden sich Erweiterungsbauten von Fall zu Fall. Mal ist der Anbau selbstbewusst in Szene gesetzt, mal ordnet er sich unauffällig dem Altbau unter. Mal setzt sich der Annex vom Bestand ab, mal beherrscht er das neue Ensemble. Oder Bestand und Erweiterung bilden eine neue Einheit.

ERWEITERUNG DES BESTANDS

The concept of expanding existing buildings is as old as architecture itself. Building on step-by-step involves dealing with available means and reacting to the given, specific prevailing needs. In doing so, a main concern is showing respect for the situation that is encountered. Building within existing stock involves acknowledging past generations' built structures. Often, the initiative for this is provided simply by dealing in a protective way with the available resources.

In expansions of existing buildings, various strategies can be distinguished. Changed or new needs call for new spaces, which can be added on in different ways. Stock and expansion confront one another in different mass ratios depending on the starting situation and spatial program; and are also assessed differently in terms of content and statement. Depending on the interpretation of what is already there, the structure to be added on is designed as complementary, continuation, or foreign body. Without denying their own intervention, architects can subordinate it, shift it to the foreground, or lend the whole a uniform – old or new – look. Decisive is the transition between old and new: does a joint mediate? Has the architectural concept transformed? Or is the change barely noticeable?

Expansions also differ in character from case to case. Sometimes an annex confidently draws attention; other times it bows inconspicuously to an older building. Sometimes an addition contrasts the stock, sometimes it controls the new ensemble. Or, stock and expansion form a new whole.

EXPANSION OF THE EXISTING STOCK

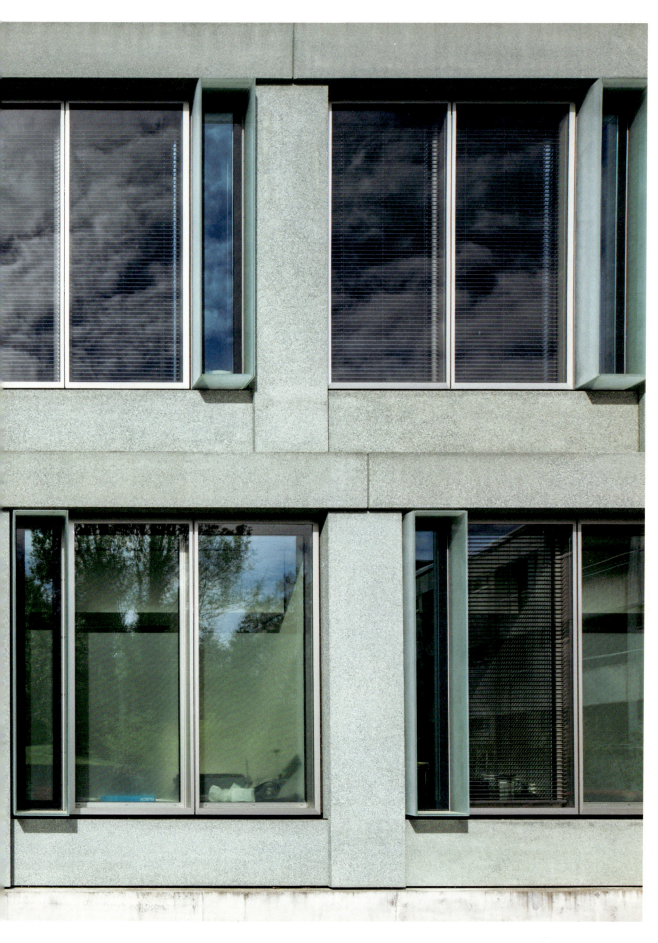

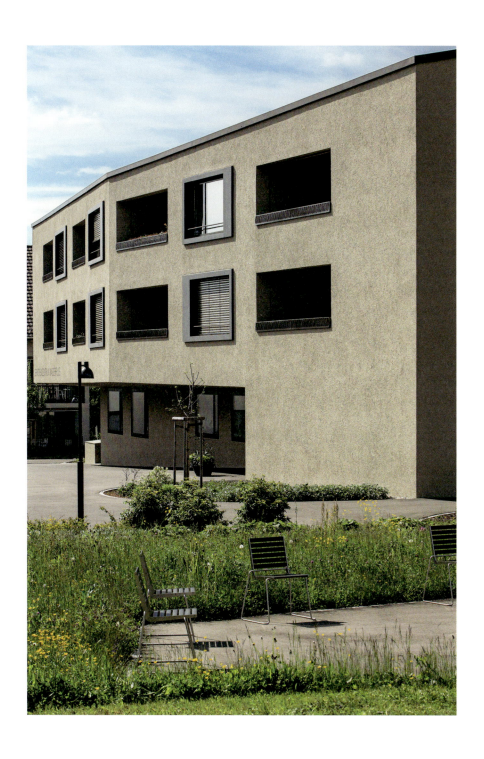

PFARREIHEIM ST. SEBASTIAN
WETTINGEN

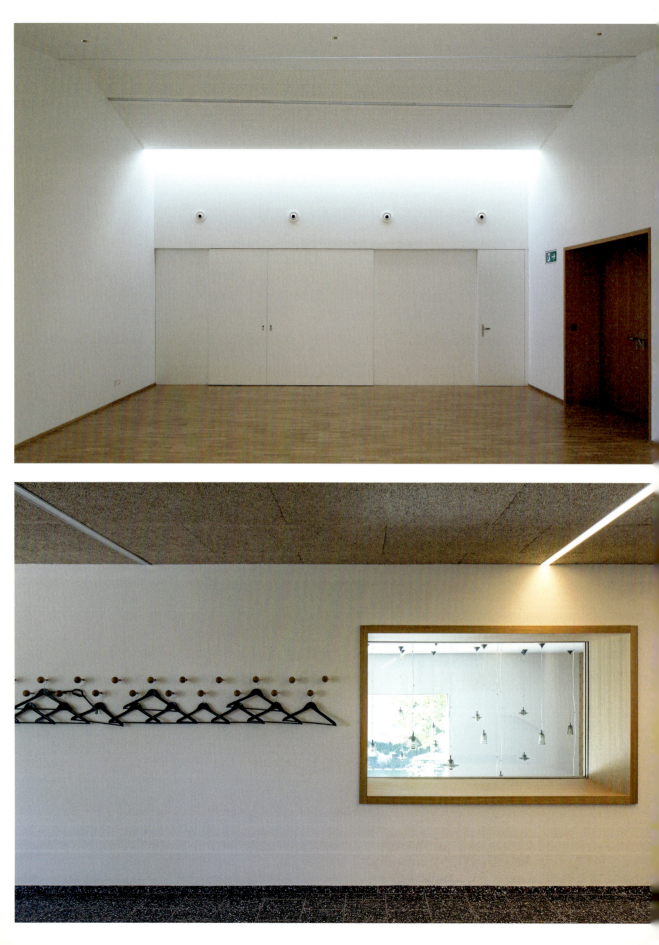

PFLEGEZENTRUM
BARMELWEID

Jeder Ort hat seine eigene Identität. Soll gebaut werden, so bietet jeder Baugrund eine andere Voraussetzung bezüglich Geschichte und Wirkung. Bei jedem Projekt sucht der Architekt oder die Architektin nach einer angemessenen Art, das projektierte Gebäude in seine städtebauliche Umgebung zu setzen. Will er oder sie es darin einbetten oder es davon abheben?

Um die jeweils passende Lösung zu finden, sollte sich der Entwerfer mit der Historie der Stadt oder des Dorfes auseinandersetzen, auf die existierenden Nachbargebäude reagieren und sich vor diesem Hintergrund seines Beitrages gewahr werden. Der Begriff Städtebau bezieht sich im weitesten Sinn auf das bauliche Umfeld, auf den vielfältigen Kontext des Ortes. Stehen rundherum hohe oder niedrige Gebäude? Ist die Bebauung dicht oder locker? Welche Architekturstile herrschen vor, welche Formen, welche Farben? Ein Gebäude in seinen gegebenen Zusammenhang einzupassen, bedeutet also, die spezifische städtebauliche Situation zu analysieren und daraus Schlüsse bezüglich Dimension, Struktur und Charakter des Bauprojekts zu ziehen.

Nehmen wir das Beispiel Aarau: mit rund 20 000 Einwohnern eine Schweizer Stadt mittlerer Grösse, Kantonshauptstadt und damit Verwaltungszentrum, entsprechend der zentralen Lage im Mittelland durch Autostrassen und Bahn gut erschlossen, seit dem Auszug der Grossindustrie im Umbruch und mit aktuellen Entwicklungsgebieten auf ehemaligen Industriearealen und um den Bahnhof. In Aarau zu bauen bedeutet – wie in manch anderen Schweizer Städten auch –, Bestehendes zu ergänzen, Ausgedientes zu ersetzen, Lücken zu schliessen, den Neubau in das bereits bebaute Umfeld zu integrieren. Letztlich geht es um das Nachverdichten, nicht nur in den Entwicklungsgebieten, sondern auch in den zentrumsnahen und in den durchgrünten Wohnquartieren.

STÄDTEBAULICHE EINPASSUNG

Every site has its own identity. And when construction takes place, every building lot offers different conditions with regard to history and effect. With every project, the architect searches for an appropriate way to set the projected building into its urban environment. Does the architect aim to embed it or make it stand out?

In order to find the appropriate solution for each situation, designers must grapple with the history of the city or town and react to the existing neighbouring buildings; and against this backdrop, arrive at a contribution. In the broadest sense, an urban planning concept refers to the structural environment, to the complex context of the site. Are there high or low structures located around it? Is the development dense or light? What architectural styles dominate, what forms, what colours? Fitting a building into its given context involves analysing the specific urban planning situation and drawing conclusions with regard to dimension, structure, and character of the building project.

For instance, let's take the example of Aarau: with approximately 20,000 inhabitants, a mid-size Swiss city, county capital, and thereby administrative centre, and corresponding with its central location in the midlands, well developed with motorways and railway, in upheaval since the departure of major industry, with current development areas on former industrial grounds and around the railway station. Building in Aarau – as in many other Swiss cities, too – involves supplementing what already exists, replacing the disused, filling in gaps, and integrating the new structure into the already built environment. Ultimately, it is about re-densification, not only in development areas, but also in those close to the centre, and in the well-landscaped residential neighbourhoods.

URBAN PLANNING INTEGRATION

WOHN- UND GESCHÄFTSGEBÄUDE
HERZOGHAUS

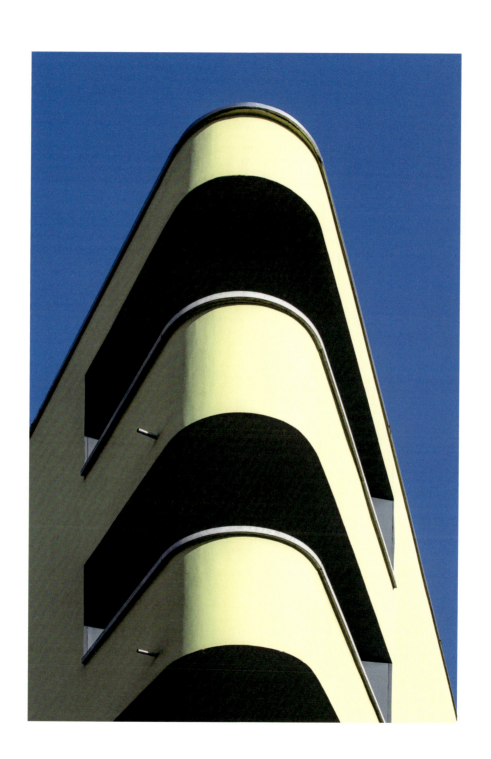

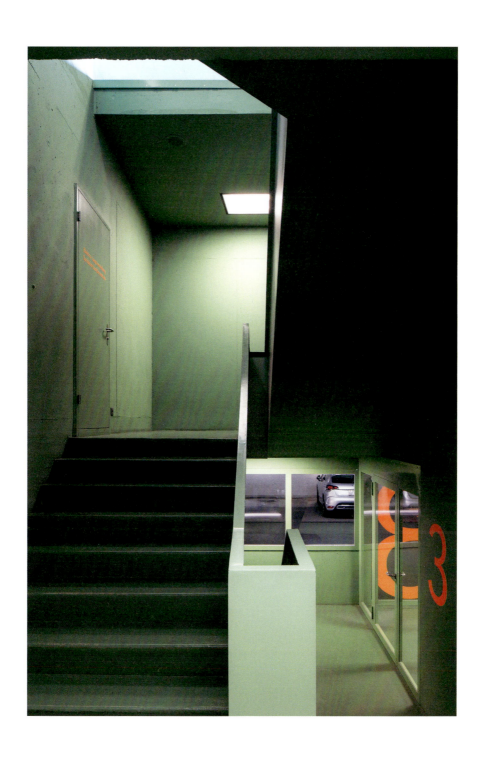

WOHNHAUS DISTELBERGSTRASSE
AARAU

In der Schweiz nehmen die Bevölkerung und der Raumbedarf des Einzelnen stetig zu, und es wird dementsprechend viel gebaut. Das Raumplanungsgesetz und die dazugehörige Verordnung, welche die bauliche Entwicklung regeln, grenzen die Baugebiete ein. Um die Zersiedelung einzudämmen, zielen jüngste Bestrebungen darauf ab, die Bauzonen zu reduzieren. Verdichtung lautet die längst breit anerkannte Forderung, mit der dem Siedlungswachstum begegnet werden soll.

Neubauprojekte entstehen somit in den allermeisten Fällen in einem bereits bebauten Umfeld. Zur Verfügung stehen dafür unbebaute oder, noch öfter, unternutzte Grundstücke innerhalb des bisherigen Siedlungsgebiets. So werden die Gemeinden, ob Stadt oder Dorf, ergänzt und nach innen verdichtet. Hehre Ziele dabei sind, gewachsene Bebauungsstrukturen fortzuspinnen und künftige Bedürfnisse miteinzubeziehen.

Der Begriff «Weiterbauen», der häufig für die Erweiterung des Bestands verwendet wird, soll hier in einem weiteren Sinn verstanden werden: «Weiterbauen» hiess schon die berühmt-berüchtigte, 1934 bis 1936 erschienene Beilage der Schweizerischen Bauzeitung, in der einige junge Architekten das Neue Bauen weiterentwickeln und weiterdenken wollten, und zwar durchaus auch in städtebaulichen Dimensionen. Weiterbauen als ein Anschliessen an errungene Innovationen und ein Fortschreiten aufgrund neu gewonnener Erkenntnisse ist seither im Bauwesen ein geflügeltes Wort.

Wenn mitten in einer Ortschaft ein neues Gemeindezentrum oder eine neue Wohnüberbauung entsteht, so ist dies Ausdruck der dortigen gesellschaftlichen Entwicklung. Aber auch wenn der Garten einer Villa überbaut oder eine Schulanlage ergänzt werden, erfordert dies sowohl empathische Rücksichtnahme wie schöpferische Voraussicht.

NEU BAUEN, WEITERBAUEN

In Switzerland, spatial requirements of the population and individuals are continually increasing, and a great deal is being built to correspond with that. The land use laws and associated provisions regulating structural development have set limits to the areas open for building. As a means to curtail urban sprawl, the latest efforts aim at reducing the buildable zones. For quite some time, densification has been broadly acknowledged as the requirement for countering settlement growth.

Therefore, in most cases, new building projects are located in already developed environments. Unbuilt, or more often, under-utilised properties within hitherto existing settlement areas are available for this. Municipalities, both cities and towns, are thereby expanded and made more compact inwardly. Noble aims in doing so are further developing evolved development structures and integrating future needs.

The concept "further building", which is often used for the expansion of existing stock, should be understood here in an additional sense; "Weiterbauen" (further building) was the title of the notorious supplement to the Schweizerische Bauzeitung published from 1934 to 1936 in which several young architects aimed to further develop and further conceptualise the theme of Neues Bauen (New Building), also in urban planning dimensions. Ever since, further building has been a dictum in architecture in terms of linking up with achieved innovations and progress on the basis of newly gained knowledge.

When a new community centre or a new residential complex arises in the middle of a town, then this is an expression of local, social-developments. But also a construction in the garden of a villa, or expansion of a school facility, require both empathetic consideration and creative foresight.

NEW BUILDING, FURTHER BUILDING

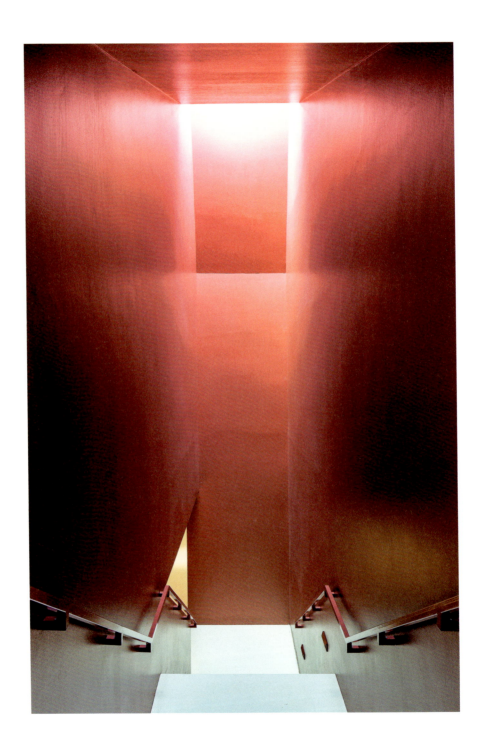

GÄRTNERHAUS
ALTE KANTONSSCHULE AARAU

GEMEINDEHAUS HAUSEN

Das stattliche Gemeindehaus von Hausen, einst in klassizistischer Strenge als Schulhaus erbaut, sollte erweitert werden. Denn die Bevölkerung des ehemaligen Bauerndorfes wuchs seit den 1950er-Jahren stark an, nicht zuletzt, weil der Ort im Einzugsgebiet von Brugg-Windisch und nahe der Autobahn liegt. Schneider & Schneider bauten seitlich an das bestehende Gemeindehaus an. Sie übernahmen weder die regelmässigen Fensterachsen noch das Stockwerkgesims. Vielmehr versahen sie den kubischen, flach gedeckten Baukörper mit grossflächigen Tür- und Fensteröffnungen, die ein Proportionenspiel im Fassadenbild ergeben. Damit verlor das Gebäude insgesamt zwar seine bisherige Mittelsymmetrie, doch es gewinnt einen zeitgenössischen Ausdruck der wachsenden Gemeinde.

Hinter den grossen Fensterflächen befinden sich das Gemeinderats- und ein Sitzungszimmer, hinter einem kleineren das Polizeibüro. Die Fensterscheiben sind mehrheitlich mit weissem Glasfaservlies hinterlegt. Der Wunsch nach Diskretion liess nicht zu viel Transparenz zu. Damit die Räume trotzdem genug hell sind, verstärkt die Wabenstruktur des Vlieses den Lichteinfall. Alle Stockwerke sind im Innern stufenlos mit dem Altbau verbunden. Der rückseitige Lift, um den sich die Treppe windet, bildet das Rückgrat der Erschliessung. Mattierte Fenster erhellen das Treppenhaus. Am zentralen Vorplatz werden die Büros und Sitzungsräume effizient erschlossen. Ein Fenster versorgt den oberen und ein Oberlicht den unteren Vorplatz mit Tageslicht.

Insgesamt wirkt der inszenierte Zugang durch den Hauseingang in die Eingangshalle bis zu den Zimmertüren grosszügig und einladend. Schon die Metalllettern an der Aussenwand neben dem zurückversetzten und damit gedeckten Eingang heissen die Besucher im öffentlichen Verwaltungsgebäude willkommen.

MUNICIPAL BUILDING HAUSEN

The stately municipal building in Hausen, erstwhile built as a school house in classicist rigor, had to be expanded. After all, the population of the former farming village had grown greatly since the 1950s, no least, because the community is part of the Brugg-Windisch commuter belt and near the motorway. Schneider & Schneider built laterally onto the existing town hall. They retained neither the regular distribution of windows nor the cornices. Instead, they furnished the cubic, flat-roofed building volume with extensive door and window openings, thus initiating an interplay of proportions in the façade image. The building thereby lost its hitherto overall central symmetry, but became a contemporary expression of the growing community.

Behind the large window areas are the council room and a meeting room, behind a smaller window, the police station. The majority of the window panes have white fiberglass fleece backing. The desire for discretion does not allow for a great deal of transparency. The honeycomb structure of the fleece increases the incidence of light assuring that the spaces are adequately lit. All of the storeys are connected seamlessly with the older building on the interior. The rear lift, which the stairway winds around, forms the backbone of the development. Matte windows brighten the stairway. The offices and meeting rooms are efficiently accessed via the central fore court. The upper fore court receives daylight from a window, and the lower fore court via a skylight.

Overall, the staged approach through the building entrance into the entry hall, through to the doors to the rooms, appears generous and inviting. Even the metal letters on the outside wall, next to the recessed and consequently covered entrance, extend a welcome to visitors entering the public administration building.

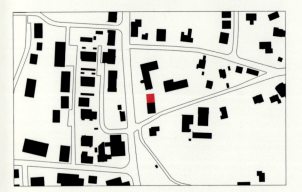

2.OBERGESCHOSS / SECOND STOREY

1.OBERGESCHOSS / FIRST STOREY

ERDGESCHOSS / GROUND STOREY 1:400

NOTFALL- UND INTENSIVSTATION
KANTONSSPITAL FRAUENFELD

Der oberirdisch zweigeschossige Anbau ist der erste realisierte Teilbereich der Gesamtplanung für das Kantonsspital Frauenfeld. Er schliesst nahtlos an den bestehenden Sockeltrakt des Spitalkomplexes an. Die Fassade, zusammengefügt aus sorgsam proportionierten Quadern, zeigt im Prinzip das klassische Thema von Tragen und Getragen-Werden auf. Pfeiler, Fensterstürze und Brüstungen bestehen aus vorfabrizierten Betonelementen, die mit grünlichem Gesteinszusatz hergestellt sowie gesäuert und gewaschen wurden. Niveauunterschiede in der Fassadenflucht sorgen für Plastizität: Die Fensterstürze treten gegenüber den Pfeilern leicht vor, die Brüstungen weichen etwas zurück. Da die Fenster weiter zurückversetzt liegen, wirkt die Fassade in der frontalen Ansicht offen und transparent, in der Schrägansicht aber geschlossen und massiv. Die Raffinesse zeigt sich in der Ecklösung: Mit zwei aneinander anschliessenden Pfeilern, die in der Aussenflucht differieren, werden Breite und Tiefe des Pfeilers unterscheidbar. Weil die Ausrichtung der Pfeilerpaare in beiden Geschossen variiert, kommen Fensteröffnungen und Pfeiler nicht übereinander, sondern um eine Pfeilerbreite versetzt zu liegen. Damit verlassen die Architekten den klassischen Aufbau und versinnbildlichen die Möglichkeiten des modernen Betonbaus.

Jedes Fenster ist unterteilt in zwei gleich grosse hochrechteckige Flügel mit feinem Metallrahmen und einem schmalen Lüftungsflügel, der durch vorstehende Mattglasscheiben gerahmt und geschützt wird. Die tiefe Fensterbrüstung ermöglicht den Ausblick vom Bett aus.

Im tiefen, erdgeschossigen Einschnitt an der südöstlichen Gebäudeecke liegt der Eingang. Die Gänge führen im Windradschema um den mittigen Kern und meist bis an die tageslichtspendende Fensterfassade. Entlang den Fassaden liegen die Patientenzimmer, deren gangseitige Glasscheiben mit Pflanzenmotiven bedruckt wurden.

EMERGENCY AND INTENSIVE CARE UNIT COUNTY HOSPITAL FRAUENFELD
The above-ground, two-storey addition is the first realised section of the overall planning for the County Hospital Frauenfeld. It joins seamlessly with the existing base wing of the hospital complex. The façade, assembled from carefully proportioned ashlar, essentially shows the classical theme of bearing and being borne. Columns, window lintels, and balustrades are made of prefabricated concrete elements, which are manufactured with a greenish stone addition, as well as acidified and washed. Level differences in the façade alignment provide plasticity. The window lintels step slightly forward in contrast to the columns, the balustrades retreat somewhat. Since the windows are further recessed, from a frontal view the façade appears open and transparent, but from an oblique view, closed and solid. The sophistication is shown in the corner solution: with two adjacent columns that differ in external alignment, the width and depth of the columns become distinct. Because the orientation of the pair of columns varies over the two storeys, the window openings and columns do not rest on top of one another, but instead, offset by a column-width. The architects hereby depart from classical composition and symbolise the possibilities of modern concrete construction.

Each window is subdivided into two equally large upright rectangular wings with fine metal frames and a narrow ventilation wing, which is framed and protected by protruding panes of matte glass. The deep window rails make it possible to look out while lying in bed.

The entrance is in the deep, ground storey incision on the building's south-eastern corner. The hallways lead around the central core in a windmill pattern, mostly through to the window façade, which offers daylight. The patients' rooms are along the façade, their glass panels on the side toward the hallway are printed with plant motifs.

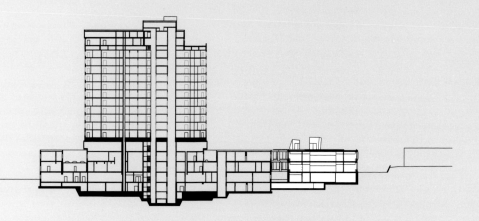

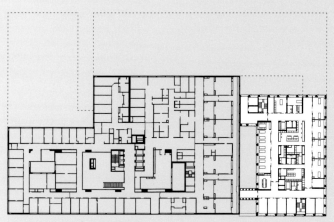

OBERGESCHOSS / UPPER STOREY

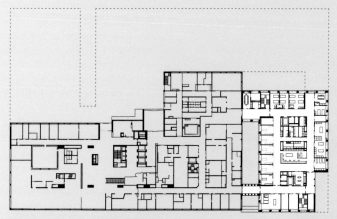

ERDGESCHOSS / GROUND STOREY 1:1500

MENSA UND MEDIENZENTRUM
ALTE KANTONSSCHULE AARAU

Einmal mehr benötigte die sogenannte «Alte» Kantonsschule in Aarau mehr Raum, obwohl die «Neue» bereits in den 1970er-Jahren ausgegliedert worden war. Im ehemaligen Villengarten vermehrten sich im Lauf der Jahre die Schulgebäude sukzessive. Vordringlich waren nun neue Räumlichkeiten für die Mensa, die Mediothek und das bildnerische Gestalten. Als das Aargauische Versicherungsamt sein Geschäftshaus, welches das Schulareal zum Kreuzplatz hin abschliesst, verliess, bot sich eine Lösung für die Raumnot an.

Schneider & Schneider entschieden 2005 den Studienauftrag für sich. Zum einen renovierten sie das 1933 von Richner & Anliker erbaute, stilistisch verhalten dem Neuen Bauen folgende Versicherungsgebäude. Zum anderen erweiterten sie es um einen Annex, der seitlich an der Nordwestecke ansetzt und dem Hauptgebäude der Kantonsschule im stumpfen Winkel entgegenwächst. Damit schirmt er den Park von der stark befahrenen Strasse ab. Formensprache und Materialisierung des Altbaus werden fortgeführt: nicht in direkter Übertragung, sondern in anlehnender Interpretation.

Der Gebäudesockel aus eingefärbtem und gestrahltem Ortbeton nimmt Bezug auf die Granitsteine von Karl Mosers klassisch gegliedertem Hauptgebäude. Darüber setzen vorgefertigte Betonplatten die Tonalität und das Fugenbild des Baus aus den 1930ern fort: Als Reverenz an die Fassadenplatten aus Muschelkalkstein wurde dem Beton ebendieser Naturstein beigemischt. Auch der Wechsel von stehenden zu liegenden Plattenformaten und die alternierenden Breitenmasse korrespondieren mit den Nachbarbauten.

Die Strategie der bruchlosen, ja verschmelzenden Erweiterung kam auf dem Schulareal bereits mehrfach zum Tragen. Schon beim gleichzeitig mit der Kantonsschule 1893 begonnenen Bau der benachbarten Gewerbeschule vereinnahmte Karl Moser die bestehende Villa. An sein historistisches Kantonsschulgebäude fügte er 1915/16 den Westtrakt mit der Sternwarte unauffällig an. Schneider & Schneider griffen wiederum Merkmale der bestehenden Gebäude auf und spannen sie in zeitgemässer Weise weiter.

CAFETERIA AND MEDIA CENTRE "OLD" SECONDARY SCHOOL AARAU
Once again, the so-called "old" secondary school Aarau needed more space, although the "new" secondary school had already spun off of it in the 1970s. The school buildings in the former villa gardens had been added to successively over the course of time. Urgent now were new premises for a cafeteria, media library, and art courses. When the Aargauische Versicherungsamt left its office building, which concludes the school grounds towards Kreuzplatz, a solution to the lack of space appeared.

Schneider & Schneider won the study commission called for this in 2005. For one, they renovated the insurance building, which had been built in a reserved style along the lines of Neues Bauen (New Building or New Objectivity) by Richner & Anliker in 1933. For another, they expanded this building with an annex that joins laterally on the north-west corner and extends at a blunt angle toward the main building of the secondary school. As a result, the structure shields the park from the heavily travelled street. The formal language and materialisation of the older building is continued: not in a direct transfer, but rather, in a loosely-based interpretation.

The building base of coloured and beamed in-situ concrete refers to the granite of Karl Moser's classically arranged main building. Prefabricated concrete panels over the base continue the tonality and joint image of the 1930s building: as reverence to the façade panels of shell limestone, this natural stone was mixed into the concrete. Also the change from vertical to horizontal panel formats and the alternating width dimensions correspond with the neighbouring building.

The strategy of seamless, even fused expansion took effect repeatedly on the school grounds. Already at the start of construction of the neighbouring vocational school, which occurred at the same time as that of the secondary school in 1893, Karl Moser appropriated the existing villa. He inconspicuously joined the west tract, with the observatory, onto his historical secondary school building in 1915/16. Schneider & Schneider, in turn, took up characteristics of the existing building and further developed them in a contemporary way.

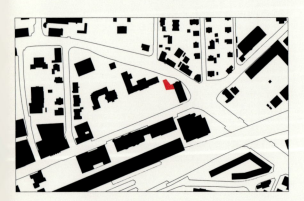

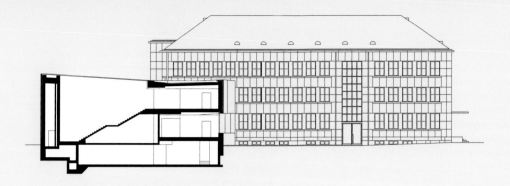

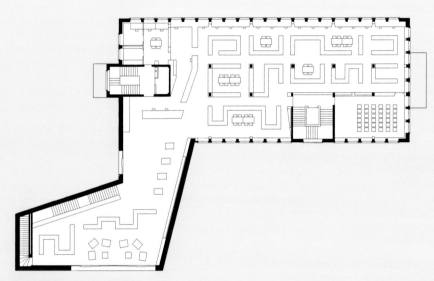

1.OBERGESCHOSS / FIRST STOREY

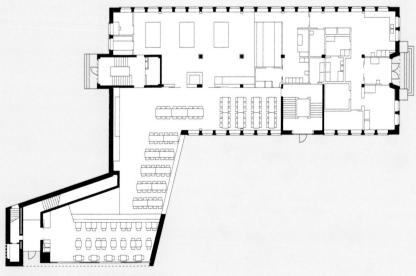

ERDGESCHOSS / GROUND STOREY 1:500

SENIORENZENTRUM WASSERFLUE
KÜTTIGEN

Schneider & Schneider erweiterten das bestehende Pflegeheim im dörflichen Kontext und setzten zwei freistehende Gebäude mit Alterswohnungen daneben. Ein zentrales Anliegen des ganzen Erweiterungsprojekts war, die Bauten in die Landschaft und in die umgebenden Wiesen zu integrieren. Mit Knicken wurden die Fassaden in ihrer Längenausdehnung «gebrochen». Mit zwei Geschossen bleiben die Wohnbauten zudem deutlich unter der Höhe der Nachbargebäude.

Am Anbau wurden der Verputz und der gelblich-beige Farbton des Pflegeheims übernommen. Auch die Dachlandschaft fasst beide Gebäudebereiche zusammen und «verschleift» den Übergang zwischen Alt und Neu. Die beiden separat stehenden, gleichartigen Wohngebäude erhielten einen verwandten, braungrauen Abrieb, der sie naturnah wirken lässt. Sie nehmen, obwohl nicht vorgeschrieben, das Schrägdach des Anbaus auf. Im Unterschied zum Altbau verläuft dieses aber nur leicht geneigt und schliesst ohne jeglichen Dachvorsprung ab.

Der Haupteingang ins Seniorenzentrum ist neu im Anbau positioniert. Hinter der Empfangstheke steigt ein Lichtschacht empor, der sich konisch nach oben verjüngend alle Obergeschosse durchbricht. Nicht nur sorgt das Oberlicht für Helligkeit mitten im tiefen Erdgeschoss, auch bieten in den Obergeschossen Fensterscheiben zum Lichtschacht verbindende Durchblicke und unterstützen damit die Orientierung und Kommunikation im Gebäudekomplex.

In den Wohngebäuden versammeln sich je Geschoss sechs barrierefreie Alterswohnungen um das mittige Treppenhaus. Über dem gerundeten Treppenauge sorgt ein Oberlicht für natürliche Belichtung. Die Grundrisse der Zwei- und Dreizimmerwohnungen wurden ähnlich und doch individuell gestaltet. Gemeinsam ist allen Wohnungen, dass sowohl der Schlaf- als auch der Wohnraum an die grosszügige Loggia angrenzen. Von diesem zusätzlichen, überdachten Aussenwohnraum, aber auch durch die breitformatigen Fenster bieten sich reizvolle Ausblicke auf die Magerwiesen mit den Obstbäumen und auf die nahe Jurakette.

WASSERFLUE SENIOR CENTRE, KÜTTIGEN

Schneider & Schneider expanded the existing nursing home, located in a rural setting, and added two neighbouring free-standing buildings with senior apartments next to it. Integrating the structures within the landscape and surrounding fields was a main concern of the entire expansion project. Bends "break" the longitudinal dimensions of the façade. Only two storeys high, the residential buildings remain clearly lower than the adjacent older building.

The annex adopted the nursing home's plastering and yellowish-beige colour. Also, the roof landscape embraces the two building areas and "blurs" the transition between old and new. The two residential buildings, free standing and consistent in style, were furnished with a related brown-grey scoring, giving them a nature-oriented appearance. Although not stipulated, they adopt the pitched roof of the older building. In contrast to the older building, however, its course is only slightly sloped and concludes without any eaves.

The main entrance into the senior centre is repositioned in the annex. A light well rises behind the reception desk and breaks through all upper storeys, narrowing conically as it rises. The skylight is not all that illuminates the middle of the deep ground level; window panes facing the light well in the upper storeys offer connecting views and thereby support orientation and communication in the building complex.

In the residential buildings, six barrier-free senior apartments gather on each storey around the central stairway. Above the rounded stair well, a skylight provides natural lighting. The ground plan design of the two- and three-room apartments are similar and yet individual. In all apartments, both the bedrooms and the living rooms border on the ample loggia. Attractive views of the rough pasture with fruit trees and the nearby Jura range are offered from this additional, protected, outside space and are also possible through the wide-format windows.

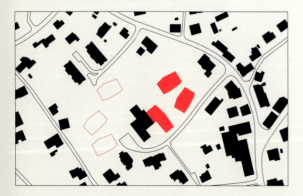

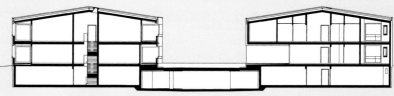

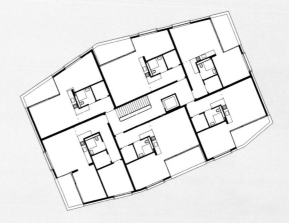

OBERGESCHOSS / UPPER STOREY 1:500

141

PFARREIHEIM ST. SEBASTIAN
WETTINGEN

Dass ein bestehendes Gebäude erneuert und erweitert wurde, ist in der Regel nicht zu übersehen. Doch was ist alt und was neu? Beim Pfarreiheim St. Sebastian ist es offensichtlich, dass die Architekten beim dreigeschossigen, mit einem leicht geneigten Satteldach eingedeckten Gebäude an beiden Enden angebaut haben. Denn die Anbauten weisen eine niedrigere Firsthöhe auf und zeigen ein ganz anderes Öffnungsverhalten. Doch eine Verkleidung aus zementgebundenen Holzspanplatten überzieht sämtliche Fassaden.

Das Pfarreiheim neben der Wettinger Sebastianskirche war ein durchschnittlicher Bau aus den 1950er-Jahren, der erneuert werden sollte. Die bestehenden Räume erfuhren eine Umstrukturierung, wobei man möglichst geringfügige Umbauten vornehmen wollte. Neben dem Mehrzwecksaal im obersten Stockwerk sollte das Foyer erweitert und eine grössere Küche angebaut werden. Hinzu kam der Wunsch nach wenigen weiteren Räumen, vor allem einer Caféteria. Für diese wurde das Gebäude an der einen Schmalseite verlängert. Der doppelgeschossige Raum zeichnet sich – seiner Bedeutung gemäss – durch eine hohe, übereck geführte Glaswand aus, die sich zum Gartensitzplatz hin öffnet. Aus der anderen Schmalseite des bestehenden Baus wächst ein völlig geschlossenes Treppenhaus heraus. Der Treppenverlauf von unten rechts nach oben links ist am schräg verlaufenden Vorbau nachvollziehbar.

Sowohl der Altbau als auch die Anbauten werden von einem steinern wirkenden Kleid aus schmalen Duripanel-Latten überzogen. Diese sind nicht einfach parallel zugeschnitten, sondern leicht konisch. Die ungewöhnliche Verjüngung nimmt dem Fugenbild die Strenge und schafft Heiterkeit. Des Weiteren bilden die vertikal verlegten Latten entlang den Fassaden horizontale Schichten. Schräger Zuschnitt und Schichtung antworten auf das Sichtsteinmauerwerk der gegenüberliegenden, vom bekannten Architekten Karl Moser erbauten Kirche.

ST. SEBASTIAN PARISH COMMUNITY CENTRE, WETTINGEN

As a rule, the fact that an existing building has been renovated and expanded cannot be overlooked. But what is old and what is new? With the St. Sebastian parish community centre, it is obvious that the architects added on at both ends of the three-storey building covered with a slightly sloped gable roof. The additions have a lower ridge height and reveal an entirely different opening behaviour. But a cement-bound particle board cladding covers all façades.

The parish hall alongside the St. Sebastian church in Wettingen was an average building from the 1950s in need of renovation. The existing spaces were restructured, whereby the least possible alterations were to be carried out. Along with the multipurpose hall on the uppermost storey, the foyer had to be expanded and a larger kitchen built on. Added to that was the request for a few additional spaces, first and foremost, a cafeteria. For this, the building was extended on the one narrow side. The double-storey space is characterised – appropriate for its significance – by a high, diagonally-placed glass wall that opens toward the seating area in the garden. An entirely enclosed stairway emerges from the other narrow side of the existing building. The course of the stairs, from bottom right to upper left, is traceable on the diagonal course of the front building.

Both the older building and the additions are covered by a stone-like cloak of small Duripanel slats. The slats have been cut slightly conically rather than simply parallel. The unusual narrowing lessens the strictness of the joint pattern and creates a cheerful atmosphere. Furthermore, the vertically placed slats form horizontal layers along the façade. The diagonal pre-cut and layering respond to the exposed stone masonry of the church across the way, built by the renowned architect Karl Moser.

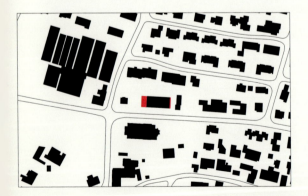

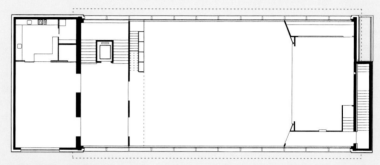

2.OBERGESCHOSS / SECOND STOREY

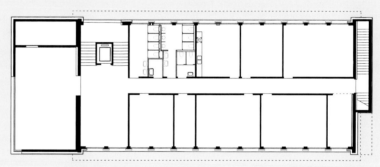

1.OBERGESCHOSS / FIRST STOREY

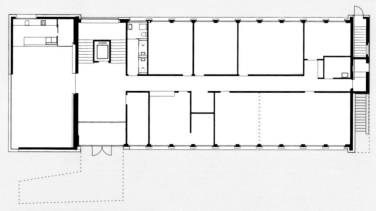

ERDGESCHOSS / GROUND STOREY 1:400

PFLEGEZENTRUM
BARMELWEID

Die Klinik Barmelweid, mitten im Juragebirge gelegen, entstand durch die Umwandlung eines Tuberkulose-sanatoriums und besteht aus einem Konglomerat von Gebäuden. Für das neue Pflegezentrum setzten Schneider&Schneider die einstige Kinderklinik und die daran anschliessende Villa des Chefarztes instand und ergänzten sie um einen vorgelagerten, eingeschossigen Trakt. Solchermassen in den Hang eingegraben, dass er zugleich eine Terrasse vor dem Altbau ausbildet, kann der Neubau wechselweise als Sockelgeschoss oder Terrassenstützmauer gelesen werden.

Die Ausgangslage für das Projekt war aussergewöhnlich: Seit dem Abbruch eines früheren Erweiterungsbaus war das Terrain neben dem bestehenden Gebäude bereits abgegraben. Um diesen Umstand auszunutzen, setzten die Architekten die Erschliessung in einem Vorbau auf einem Niveau unterhalb des Altbaus an und schufen da eine neue Ankunftssituation. Ein Verbindungstrakt gewährleistet die Anbindung an das Hauptgebäude der Klinik.

Am vorgebauten Sockeltrakt stellten sie die Betonstützen in unregelmässigen Abständen lamellenartig vor die geschosshohe Glasfront. Die Stützen schirmen die Innenräume gegen Einsicht und Sonneneinstrahlung ab, lassen aber den Blick von innen nach aussen offen. Der rotbraun eingefärbte und sandgestrahlte Beton deutet Erdverbundenheit an.

Beim Umbau der ehemaligen Kinderklinik schlossen Schneider&Schneider die loggienartigen Liegehallen durch Fensterfronten. Die übernommenen Achsen an den hellen Putzfassaden gaben einen regelmässigen Fensterraster vor. Damit stehen der erneuerte Bestand und seine Erweiterung in einem bewussten Kontrast zueinander, die Angleichung von Alt- und Neubau wurde vermieden. Sowohl Fassadenrhythmus als auch Farbigkeit lassen die Gebäudealter unterscheiden.

NURSING HOME BARMELWEID

The Barmelweid clinic, located in the middle of the Jura Mountains, arose from the conversion of a tuberculosis sanatorium and consists of a conglomerate of buildings. For the new nursing home, Schneider & Schneider repaired the erstwhile children's clinic and the adjacent chief physician's villa, and supplemented them with a single-storey tract placed in front. The new building, dug into the slope in such a way that it forms a terrace in front of the older building, can be interpreted alternately as semi-basement or retaining wall for the terrace.

The starting situation for the project was unusual: the terrain next to the existing buildings had already been dug up due to an earlier, abandoned expansion structure. In order to exploit this situation, the architects placed the opening in a front building, at a level lower than that of the older building, thereby creating a new arrival situation. A connecting wing provides the connection to the clinic's main building.

The architects set the concrete supports at irregular intervals on the prebuilt base tract, lamella-like before the storey-high glass front. The supports shield the inner spaces from view and from incident solar radiation, but leave open the view from inside to outside. The red-brown stained and sand-blasted concrete hints at an earthiness.

In the conversion of the former children's clinic, Schneider & Schneider closed the loggia-like resting areas with window fronts. The adopted alignment of the bright plaster façade provides a regular window gridding. With that, the renovated stock and its expansion deliberately contrast one another, sidestepping harmonisation of old and new structures. Façade rhythm and colouring make it possible to differentiate the ages of the buildings.

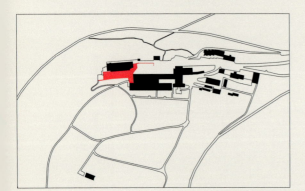

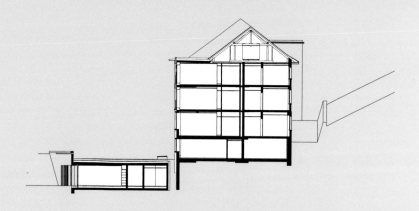

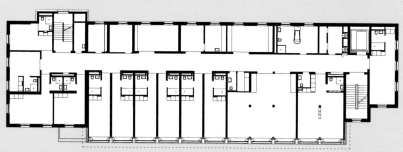

3. OBERGESCHOSS / THIRD STOREY

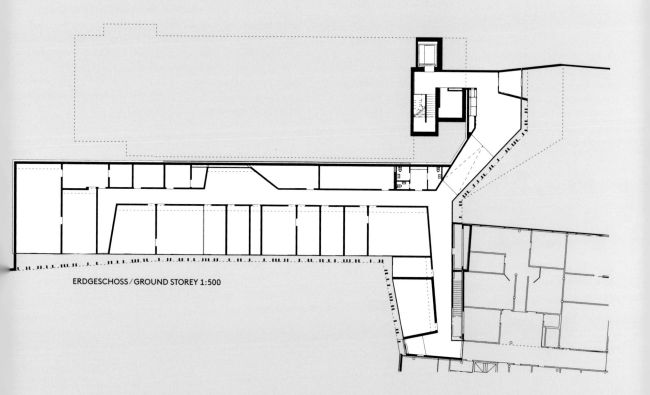

ERDGESCHOSS / GROUND STOREY 1:500

GARTENPAVILLON WELTISTRASSE
AARAU

Eine prächtige, alte Villa inmitten einer Gartenanlage. Für die Bedürfnisse der aktuellen Bewohner fehlten aber eine Garage, ein Raum für die Gartengeräte, ein Schwimmbecken und ein gedeckter Gartensitzplatz. Die sich oft stellende Bauaufgabe von zusätzlichen Wohnansprüchen ist für das zentrumsnahe, frühe Aarauer Villenquartier südlich des Bahnhofs besonders symptomatisch.

1905 von Karl Kress, einem ehemaligen Mitarbeiter von Karl Moser, am Übergang vom Jugend- zum Heimatstil erbaut, war die Villa in den 1960er-Jahren zu drei Geschosswohnungen umgebaut worden. Dies sollten Schneider & Schneider rückgängig machen, wobei vor allem auch statische Sünden zu bewältigen waren. Entlang des Trottoirs errichteten sie eine hohe Mauer, um den Garten vor dem Verkehrslärm der Weltistrasse zu schützen. Neu orientiert sich das Wohnhaus zum Gartenbereich auf der Nordseite, wofür verschiedene Fenster eingefügt wurden.

Hinter dem Tor der Autoeinfahrt errichteten Schneider & Schneider neben der Villa ein schlichtes, eingeschossiges Nebengebäude. Auf einem Betonsockel, der gegenüber der Rasenfläche um ein paar Stufen erhöht liegt, umschliessen Wandscheiben die Räume. Nebst den zwei geschlossenen Räumen für Velos und Gartengeräte öffnen sich überdachte Bereiche für den Carport und einen gedeckten Sitzplatz. Eine horizontale Deckenplatte überdacht all dies in einem statischen Kraftakt, die rechteckige Öffnung über dem Schwimmbecken bezieht den Himmel mit ein.

Das statisch anspruchsvolle Konstrukt ist aus Sichtbeton in verschiedenen Ausprägungen gefertigt. Deckenplatte und Wandscheiben unterscheiden sich in der Anreicherung des Betons: mit Jurakalk respektive mit Aarekies. An der Gartenmauer wurde der Beton zudem gestockt. Für den freistehenden Gartenpavillon suchten die Architekten keine formale, lediglich eine farbliche Angleichung an die Villa.

GARDEN PAVILION WELTISTRASSE, AARAU

A magnificent old villa in the middle of a garden: however, in order to fulfil the needs of the current occupants, a garage, a space for garden equipment, a swimming pool, and a covered seating area were needed. The frequently recurring building task for upscale residential demands is symptomatic for the centrally located Aarau villa quarter south of the railway station.

The villa built in 1905 by Karl Kress, a former employee of Karl Moser, at the transition from Jugendstil to Heimatstil, was converted into three flats in the 1960s. Schneider & Schneider were meant to reverse this, whereby static transgressions presented the main problem. They built a high wall along the footpath to protect the garden from the noise of the traffic on Weltistrasse. The house thus attained a new orientation toward the garden area on the northern side, for which various windows were inserted.

Behind the gate of the slip road, Schneider & Schneider built a simple, single-storey secondary building next to the villa. Shear wall on a concrete base, slightly elevated in comparison with the lawn, encloses the spaces. In addition to the two enclosed spaces for bicycles and garden equipment, are a roofed area for the carport and a covered seating area. A horizontal roof panel covers all in a static show of strength; the rectangular opening above the swimming pool draws in the sky.

The statically sophisticated construction is crafted from various specifications of exposed concrete. Roof panels and wall sheets differ in terms of what is blended in to enrich the concrete: Jurassic lime or Aare gravel. The concrete on the garden wall is, additionally, bush hammered. The architects sought to align the free-standing garden pavilion with the villa simply in terms of colour, not form.

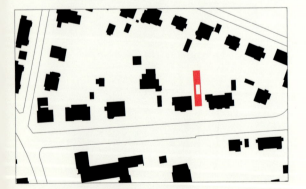

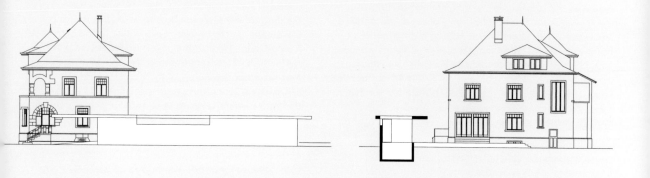

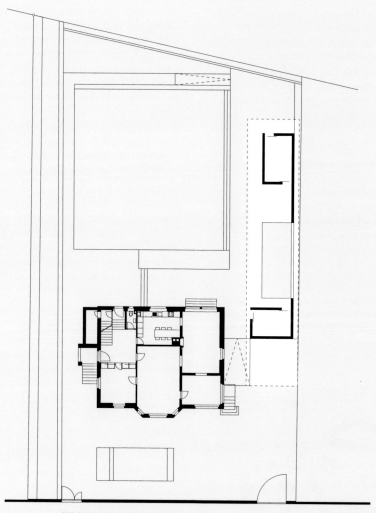

ERDGESCHOSS / GROUND STOREY 1:400

WOHN- UND GESCHÄFTSGEBÄUDE
HERZOGHAUS, AARAU

An dieser Stelle zu bauen, war keine leichte Aufgabe. Doch gerade die Herausforderung reizte die Architekten. Nachdem im Zuge der Umwandlung des Aarauer Bahnhofsgebiets die Herzogstrasse umgeleitet worden war, blieb eine kleine, dreieckige Parzelle unbebaut. Schneider & Schneider schlugen der Stadt Aarau, der das Land gehörte, ein Wohn- und Geschäftshaus vor. Nach deren Zustimmung fanden sie einen Investor, mit dem sie das anspruchsvolle Projekt entwickeln konnten.

Da in der Strassengabelung ein grosser Lindenbaum steht, der erhalten bleiben musste, erhielt der Grundriss eine unregelmässige Trapezform. Damit entspricht das fünfgeschossige Haus der städtebaulichen Situation und nutzt das Grundstück optimal aus. Mit abgerundeten Ecken passt sich der Baukörper zudem dynamisch in den verkehrsumspülten Ort ein. Eckbalkone schneiden diese Rundungen auf und betonen sie zugleich. Auffällig ist nicht nur die Form, sondern auch die Farbe. Die glatten Putzfassaden sind in einem kräftigen grünlich-gelben Ton gestrichen, womit sich das Gebäude von seiner Umgebung abhebt und sich, trotz seines relativ kleinen Volumens, im zunehmend grossmassstäblichen Umfeld behauptet. Der bis unter die Erdgeschossfenster reichende Sockel ist hingegen mit glatten, grauen Zementplatten zurückhaltend materialisiert.

Der einzige Hauseingang liegt geschützt an der strassenabgewandten Nordseite; ein davorliegender, ummauerter Hofplatz bietet zusätzlichen Schutz. Das Sockelband setzt sich als Hofmauer fort und wird zum Nachbargrundstück hin durch einen Unterstand geschlossen. Einbrennlackiertes Streckmetall umhüllt den Veloabstellplatz, die Abfallcontainer sowie eine Trafostation.

Während im Erdgeschoss Büros einquartiert sind, belegen Geschosswohnungen die vier darüberliegenden Stockwerke. Der gleichbleibende Grundriss entwickelt sich offen um den innenliegenden Kern mit dem knappen Treppenhaus und einem Lift herum. Es gibt lediglich Schiebetüren, die alle Räume verbinden und einen Rundlauf ermöglichen.

RESIDENTIAL AND COMMERCIAL BUILDING HERZOGHAUS, AARAU

Building at this site was no easy task. But it was precisely the challenge that made it attractive to the architects. A small, triangular plot was left undeveloped after redirection of Herzogstrasse in the course of the reorganisation of the Aarau railway station grounds. Schneider & Schneider proposed to the City of Aarau, the land owners, a residential and commercial building. After the city had agreed to the plan, they found an investor with whom they were able to develop the challenging project.

Since a large lime tree that had to be preserved was standing at the fork in the road, the ground plan attained an irregular trapeze form. With it, the five-storey building responds to the urban planning situation and makes optimal use of the property. With its rounded edges, the building volume fits dynamically into the traffic-saturated site. Corner balconies slice these curves and, at the same time, emphasise them. Not only the form is conspicuous, but also the colour. The smooth plaster façades are painted in a powerful greenish-yellow hue, with which the building sets itself off from its surroundings and despite its relatively small volume, asserts itself in the increasingly large-scale environment. In contrast, the foundation, which extends below the ground storey window, is materialised conservatively with smooth, grey cement panels.

The single entry to the house lies protected on the north side, which is turned away from the street; a walled courtyard located in front of the entrance offers additional protection. The foundation continues as the courtyard wall, and is closed off toward the neighbouring property by a shelter. Enamelled expanded metal encases the bicycle storage area, the waste container, as well as a transformer station.

Whereas offices are housed on the ground storey, the four top storeys are occupied by flats. The consistent ground plan develops openly around the inner core with the narrow stairway and a lift. There are simply sliding doors that connect all of the spaces and enable concentric access.

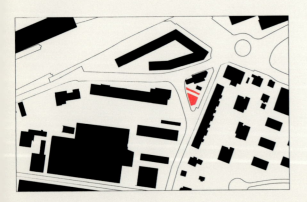

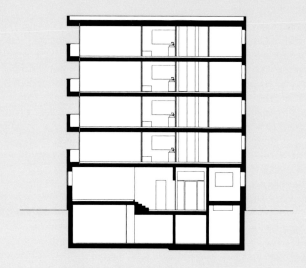

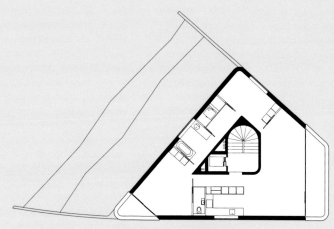

OBERGESCHOSS / UPPER STOREY

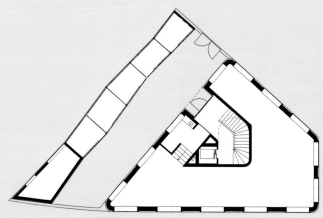

ERDGESCHOSS / GROUND STOREY 1:300

149

KASERNEN-PARKING
AARAU

Nachdem man die Aarauer Altstadt vom Individualverkehr befreit hatte, waren zusätzliche Parkflächen in unmittelbarer Nähe gefordert. Den Standort für ein neues Parkhaus fand man in der Nordwestecke des Kasernenareals, das sich zwischen Altstadt und Bahnhof erstreckt und früher einige Baracken beherbergte – und unter der Erde einen geheimen Bunker. Als Ersatz für diese Vorgängerbauten wurden weitere Nutzungen für das zu erstellende Gebäude gefordert. Das Militär benötigte Schlafräume und einen Schulungsraum, die angrenzende Kantonspolizei einen Gefängnishof und Garagenplätze. Zivile Nutzungen waren aber nicht erwünscht, und die Denkmalpflege akzeptierte zwischen den umgebenden Schutzobjekten kein vollwertiges Gebäude. Trotz der einschränkenden Bedingungen entwarfen Schneider & Schneider ein der Bauaufgabe entsprechend unaufdringliches, doch prägnantes Gebäude.

Oberirdisch tritt das Parkhaus mit einem abstrakten Baukörper von teils ein-, teils zweigeschossiger Höhe in Erscheinung. Über dem L-förmigen Grundriss erhebt sich eine plastisch ausgebildete Blockform. Das Erdgeschoss weicht gegenüber dem Obergeschoss zur Nordwestecke zunehmend zurück, sodass der dortige Eingang durch die Vorkragung geschützt wird. Die Aussenwände bestehen aus fast schwarzem Sichtbeton, an dessen Oberfläche man nach dem Aufrauen mit Wasserhochdruck den Kies sichtbar machte. Die zurückversetzte Eingangs- und Garagentorfront ist mit braunem Metallblech bekleidet. Unterirdisch sind auf acht halbgeschossig versetzten Split-Level-Ebenen 300 Parkplätze untergebracht. Während die Zufahrt von der Laurenzenvorstadt her erfolgt, legten die Architekten den Fussgängerzugang in den Hofbereich hinter das Bezirksgebäude und das Bezirksgericht. Der neu geschaffene Platz abseits der Strassen gestalteten die Architekten und Landschaftsarchitekten mit Brunnen, Sitzbänken und Standleuchten.

KASERNEN PARKING, AARAU

After Aarau's historical city centre was made car-free, additional parking areas in the immediate vicinity were necessary. A location for a new parking garage was found in the north-western corner of the Kasernenareal, which stretches between the historic centre and the railway station, and once housed several barracks as well as a secret underground bunker. The new structure, as a replacement for these predecessor buildings, would also have to fulfil additional uses. The military required sleeping areas and a training space; the adjacent county police, a prison compound and garage spaces. However, civil uses were not welcome, and the historic preservation office would not accept any fully-fledged buildings between the surrounding, historically-protected objects. Despite the limiting conditions, Schneider & Schneider drafted an inconspicuous yet striking building in conformance with the building task.

Above ground, the parking garage appears with an abstract building volume partially one-storey, and partially two-storeys high. A sculpturally developed block form rises above the L-shaped ground plan. The ground storey draws back increasingly with respect to the upper storey toward the north-western corner, resulting in an overhang that protects the entrance there. The external walls are composed of nearly black exposed concrete with visible gravel on the surface resulting from scoring with high-pressure water. The recessed entrance and garage door frontline is clad with brown sheet metal. Situated below ground are 300 parking spaces on eight half-storey staggered split levels. Whereas the drive-in is from Laurenzenvorstadt, the architects placed the pedestrian access in the courtyard area behind the district centre and the district court. The architects and landscape architects designed the newly created square, away from the street, with fountains, benches, and lighting.

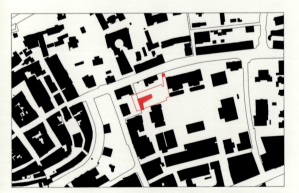

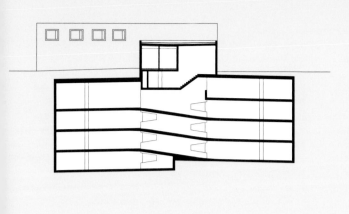

OBERGESCHOSS / UPPER STOREY

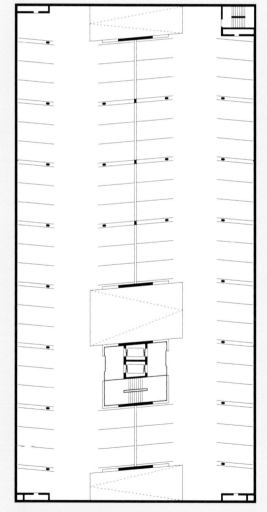

UNTERGESCHOSS / BASEMENT 1:500

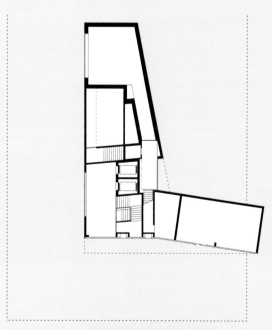

ERDGESCHOSS / GROUND STOREY

WOHNHAUS DISTELBERGSTRASSE
AARAU

Am südlichen Stadtrand von Aarau endet das stark durchgrünte Wohngebiet mit einer kleinen Wohn- und Gewerbezone. An einer Strassenecke nahe der Ausfallstrasse bauten Schneider & Schneider ein fünfgeschossiges Mehrfamilienhaus, mit einer Arztpraxis im ersten Obergeschoss. Das Gebäude überragt damit die benachbarten Einfamilienhäuser, setzt einen städtebaulichen Akzent und bildet den Auftakt zu den darauffolgenden Hochbauten. Durch seine Höhe hebt sich das kompakte Volumen von seinem Umfeld ab, in seiner auf den ersten Blick unspektakulären Erscheinung passt es sich in den Kontext ein.

Verschiedene Massnahmen modifizieren den flach eingedeckten, kubischen Baukörper. Zunächst ist die Ecke an der Strassenkreuzung abgeschrägt und weitet damit den Strassenraum – wie man dies von innerstädtischen Blockrändern her kennt. Des Weiteren ist der Baukörper an verschiedenen Ecken aufgeschnitten, und zwar diagonal gegenüberliegend am Erdgeschoss und entsprechend übers Kreuz am Attikageschoss. Dadurch werden erdgeschossig überdachte Hauseingänge geschaffen und im obersten Geschoss zwei Dachterrassen. Und dann sind da diese horizontalen Bänder im Fassadenbild: Es handelt sich um vorgeblendete emaillierte Glasscheiben – wie sie an Bauten der Nachkriegsmoderne oft verwendet wurden. Die Glasbänder verlaufen neben und zwischen den grossformatigen Fenstern und jeweils geschossweise abwechselnd um die Gebäudeecken. Dabei sind Emailgläser und Putzflächen im selben weisslichen Farbton gehalten und unterscheiden sich vor allem in der Reflexion des Lichtes. So entsteht ein Spiel zwischen spiegelnden und lichtabsorbierenden Rechtecksflächen.

Alle Wohnungen sind um den mittigen Kern mit Treppe und Lift organisiert. Die Erdgeschosswohnung besitzt einen Zugang zum Garten, die Wohnung im zweiten Obergeschoss zu einer Loggia an der Südseite, und die obersten Terrassen gehören zur Attikawohnung.

HOUSE DISTELBERGSTRASSE, AARAU

On the southern outskirts of Aarau, the heavily landscaped residential area ends with a small residential and commercial zone. On a street corner near the arterial road, Schneider & Schneider built a five-storey multi-family home with a doctor's office on the first storey. The building thereby towers over the neighbouring single-family homes, creating an urban accent and forming the starting note to the ensuing high rises. Through its height, the compact volume distinguishes itself from its environment; with its appearance, which is unspectacular at first glance, it adapts to the context.

Different measures were taken to modify the flat-roofed, cubic building volume. First of all, the corner at the intersection is sloped, thereby extending the street space – in a way familiar from inner-city perimeter block developments. Furthermore, the building volume is cut open at different corners; on the ground storey and correspondingly, diagonally opposite on the loft level. This creates covered, house entrances on the ground storey and two roof-top terraces on the top storey. And additionally, there are the horizontal bands in the façade image: superimposed panes of enamel glass – like those frequently used in post-war modernist buildings. The bands of glass run next to and between the large-format windows and on every other storey, around the building corners. The enamel glass and the plastered areas maintain the same whitish hue, and differ mainly in their reflection of the light. In this way, an interplay of reflecting and light-absorbing rectangular surfaces arises.

All of the flats are organised around the central core, which contains a stairway and lift. The ground storey flats have access to the garden, the flats on the second storey to a loggia on the south side, and the attic storey has the roof-top terraces.

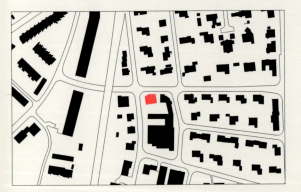

2. OBERGESCHOSS / SECOND STOREY

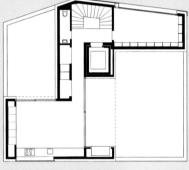

ATTIKAGESCHOSS / ATTIC STOREY

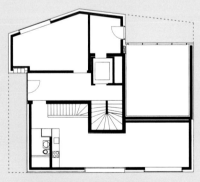

ERDGESCHOSS / GROUND STOREY 1:300

3. OBERGESCHOSS / THIRD STOREY

WOHNHAUS GOLDERNSTRASSE
AARAU

Als gartenstadtähnlich bezeichnen die Aarauer das Stadtgebiet südlich der Bahnlinie, da es sich grösstenteils um eine offene Bebauung mit Einfamilienhäusern in weiten Gärten handelt. Ein kleines Grundstück in einer Strassengabelung ganz am Rande des weitläufigen Wohnquartiers war bislang unbebaut. Für diesen Baugrund just gegenüber dem Waldrand schlugen Schneider & Schneider ein kleines Wohnhaus vor, um die offene Stelle im ansonsten überbauten Stadtteppich zu füllen. Gerade die Einschränkungen der knappen und unregelmässigen Parzellenform trieben sie an, eine spezifische Lösung zu finden. Es entstand ein Haus, das ganz auf die Bedürfnisse eines Paars ohne Kinder zugeschnitten ist.

Den Grundstücksgrenzen entsprechend nimmt der Grundriss eine dreieckige Keilform an. Auch in den Ansichten erhielt der kubische, flach gedeckte Baukörper unregelmässig gekantete Umrisse. Schwarze, vertikal verlegte, schmale Holzbretter umhüllen die Aussenwände: Die sieben Meter langen Latten wurden mit der Bandsäge zugeschnitten und weisen eine davon gezeichnete, unregelmässig gerillte Oberflächenstruktur auf. Obschon deckend schwarz gestrichen reflektieren sie das Licht aus der Umgebung und schimmern daher grünlich oder bläulich. Die Fenster unterscheiden sich stark in Grösse und Proportionen. Der Hauseingang liegt in einem Einschnitt, der mit Metallblech ausgekleidet ist.

Erst im Innern offenbart sich, dass das Haus in Beton konstruiert ist. Für die Schalung des Sichtbetons verwendete man sinnigerweise dieselben Holzlatten wie an der Fassade. Diese eher raue Ausführung kontrastiert mit den grünen Natursteinplatten und den edlen dunkelbraunen Furnierholzoberflächen des Innenausbaus. Vom Wohnraum blickt man durch ein grossflächiges Fenster zum Wald. Umgeben wird das kleine Haus von einer Heckenlandschaft aus verschiedenen Pflanzen.

HOUSE GOLDERNSTRASSE, AARAU

The urban district south of the railway tracks has been dubbed the "garden city" by the residents of Aarau because it is largely open development with single-family homes set within spacious gardens. A small property at a fork in the road at the very edge of the rambling residential neighbourhood had not been built on until now. Schneider & Schneider proposed a small house for this lot, directly opposite the edge of the woods, in order to fill the open space in the otherwise overly developed urban carpet. The limitations provided by the property's narrow and irregular form were precisely what impelled them to find a specific solution. A house emerged that is customised entirely to the demands of a couple without children.

The ground plan takes on a three-cornered wedge shape, correlating with the property borders. Also in the elevations, the cubic, flat-roofed building volume takes on irregularly sloped contours. Narrow, black, vertically installed wood panels cloak the outer walls. The seven-metre long wood slats were cut with a band saw, which has given them an irregularly grooved surface structure. Although painted entirely in black, they reflect the light of the surroundings and thus shimmer greenish and bluish. The windows vary greatly in terms of size and proportions. The entrance to the house is found in a recess lined with sheet metal.

The fact that the house is constructed of concrete first becomes evident inside. For the formwork of the exposed concrete, the sensible decision was made to use the same wood slats as on the façade. This rather rough finish contrasts with the green natural stone panels and the noble dark-brown veneer surfaces of the interior finishing. From the living room, one gazes through a large window into the woods. The house is surrounded by a hedgerow of various plants.

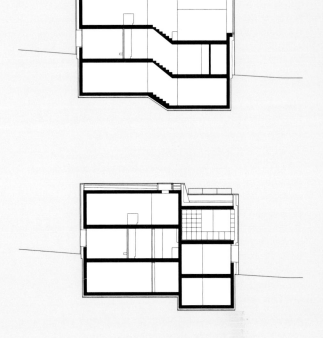

DACHGESCHOSS / TOP STOREY

1.OBERGESCHOSS / FIRST STOREY

ERDGESCHOSS / GROUND STOREY 1:300

MEHRZWECKHALLE UND DORFPLATZ
REIDEN

Seit die luzernische Gemeinde Reiden mit zwei kleinen Dörfern fusionierte, überbaut sie einen zentralen Bereich mit öffentlichen Gebäuden. Am neu geschaffenen Dorfplatz entstand als erstes die Mehrzweckhalle; ein Schulhaus und das Gemeindehaus sollen folgen. Den Projektwettbewerb hierfür hatten Schneider & Schneider 2004 gewonnen. Entsprechend dem hohen Bedarf für Schul- und Vereinssport, aber auch für gesellschaftliche und kulturelle Aktivitäten realisierten sie zunächst die Mehrzweckhalle mit der dazugehörigen Aussenanlage sowie die Dorfplatzgestaltung.

Die Halle, die sich mittels hochziehbarer Zwischenwände in drei Kompartimente unterteilen lässt, ist um die halbe Raumhöhe im flachen Gelände eingetieft. Um Stützen zu vermeiden, überspannen hohe Fachwerkträger den Saal; diese kaschiert aber ein flacher Deckenabschluss: Ein festlicher Raumeindruck wurde einem technoiden vorgezogen. Foyer und Tribüne befinden sich auf dem Eingangsniveau, die Garderoben darunter auf der Höhe des Turnhallenbodens. Küche und Toiletten können auch bei Aussenanlässen schnell erreicht werden.

Alle Räumlichkeiten sind in der Grundrissform eines unregelmässigen Trapez' zusammenfügt. Die Form entstand durch die im Ortsplan gezogenen Linien im Bezugsnetz der Umgebung. Auf diese Weise begrenzt das Gebäude die Plätze zu beiden Seiten wie gewünscht. An einer weiteren Seite öffnen sich die Hallen in einer langen, geschosshohen Fensterfront, die von einem weiten Vordach geschützt wird.

Das abstrakte, flach gedeckte Gebäudevolumen wird von gewellten und perforierten braungrauen Aluminiumplatten umhüllt, durch die ein rosa Windvlies schimmert, den ganzen Dachkörper hingegen umschliessen goldgelbe Fiberglaspaneele. Die glatte Fassadenschicht oben und die, einem Vorhang gleich, leicht durchscheinende unten funktionieren je auf ihre Weise als Witterungs-, Sonnen- und Sichtschutz. Sie reflektieren aber auch das Tageslicht auf unterschiedliche Weise und wirken so immer wieder etwas anders.

MULTIPURPOSE HALL AND VILLAGE SQUARE, REIDEN

Ever since the Lucerne community of Reiden merged with two small villages, a central area has been given a super structure of public buildings. On the newly created village square, the first building to be erected was the multipurpose hall; a school and the community hall are to follow. Schneider & Schneider won the project competition for this in 2004. Complying with the great demand for school and club sports, as well as social and cultural activities, they first realised the multipurpose hall with corresponding outdoor facilities, and the design of the village square.

The hall, which can be divided into three areas by means of partition walls that are lifted from the ground, is sunk half-height into the flat terrain. To avoid supports, high lattice trusses stretch over the hall, disguised by a flat roof finish, thus giving preference to a festive spatial impression rather than a technoid one. Foyer and bleachers are at the entrance level, the changing rooms are below, at the level of the gym floor. Kitchen and toilets can be easily accessed also during outdoor events.

The footprint of an irregular trapeze links all of the premises. The form arose from the lines drawn on the town map indicating the areas' networks. In this way, the squares border the building on both sides, as desired. On a further side, the halls open in a long, storey-high window front protected by a broad projecting roof.

The abstract, flat-roofed building volume is covered by corrugated and perforated brown-grey aluminium panels with a pink wind fleece shimmering through, while the entire roof is, in contrast, surrounded by golden yellow fiberglass panels. The smooth façade layer above and the light translucent curtain-like one below both function in their own way as protection from the weather, sun, and views. But they also reflect the daylight in different ways and thus always appear somewhat different.

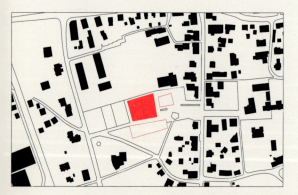

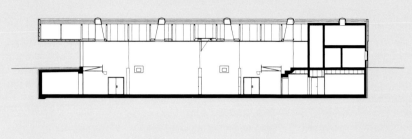

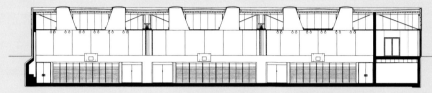

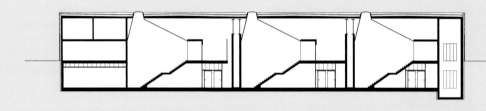

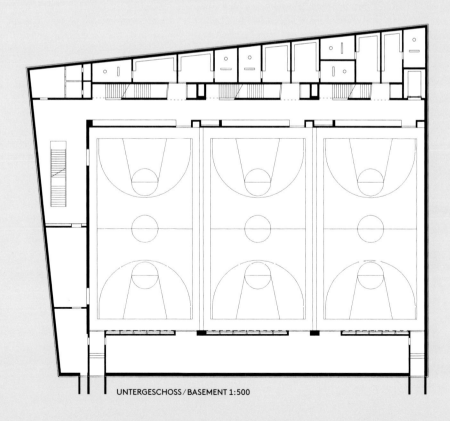

UNTERGESCHOSS / BASEMENT 1:500

GÄRTNERHAUS
ALTE KANTONSSCHULE AARAU

Als man neben der Alten Kantonsschule einen Tunnel für die Umfahrungsstrasse baute, musste das Gärtner- und Gewächshaus weichen, das ursprünglich zum Unterhalt der Parkanlage erstellt worden war. Die Garage des daneben befindlichen Versicherungsgebäudes übernahm anschliessend für ein paar Jahre diese Funktion; sie musste aber ihrerseits für den Erweiterungsbau für Mensa und Medienzentrum abgebrochen werden. 2010 erhielten Schneider & Schneider den Auftrag, ein neues Gebäude für den Unterhalt der Kantonsschulanlage zu projektieren. Gleichzeitig unterbreitete das Planerteam einen Vorschlag, das Schulareal hinsichtlich Wegführung, Parkplätzen und Beleuchtung den veränderten Bedingungen entsprechend umzugestalten.

Das neue Gärtnerhaus entwarfen Schneider & Schneider als reine Holzkonstruktion und platzierten es nahe der Strasse im Norden, just neben die Zufahrt zum Areal. Mit der durchwegs dunklen Farbgebung, einem rötlich schimmernden Schwarz, integriert sich der Bau in die umgebende Bepflanzung und unterscheidet sich zugleich davon. Über einer quadratischen Grundfläche erheben sich nach aussen geneigte Wände. Darüber kragt das Flachdach schirmartig aus, mit spitz zulaufendem Dachvorsprung. Am weitesten steht das Dach auf der Seite mit dem Schiebetor vor. An den Aussenwänden überlappen sich breite Schwartenbretter, mit ihren unebenen Oberflächen und Kanten, Schicht für Schicht übereinander und bilden schräge Silhouetten. Dementsprechend neigen sich die dahinterliegenden Stützen ebenfalls nach aussen. Zusammen mit den Dachbalken sind sie radial auf einen Sammelpunkt ausgerichtet, der wegen den unterschiedlich weiten Dachvorsprüngen dezentral über dem Raum liegt.

So schufen die Architekten einen stützenfreien Raum. Als einzige Lichtöffnung führt zwischen den Dachbalken rundum ein Glasband. Durch die eigentümliche geschlossene Gestalt erscheint der Zweckbau der Parkanlage zugehörig, in würdiger Ergänzung der Kantonsschulbauten.

GARDEN SHED "OLD" SECONDARY SCHOOL AARAU

When a tunnel was built next to the "old" secondary school for the by-pass road, the garden shed and greenhouse, originally built for the park's maintenance equipment, had to give way. The garage of the neighbouring insurance building subsequently took on this function for a few years; but this building, in turn, had to be demolished for the addition with the cafeteria and media centre. In 2010, Schneider & Schneider were given the commission to plan a new maintenance building for the secondary school compound. At the same time, the team of planners proposed redesigning the school grounds in terms of route guidance, parking places, and lighting in order to meet with the changed conditions.

Schneider & Schneider designed the new garden shed as a pure wood construction and placed it close to the street in the north, directly adjacent to the access road to the grounds. With the consistently dark colouring, a reddish shimmering black, the building integrates with the surrounding vegetation and at the same time, differentiates itself from it. Outwardly sloped walls rise over a square ground plan. The flat roof projects umbrella-like above, with tapered overhang. The roof protrudes furthest on the side with the sliding door. On the outer walls, broad slabs overlap one another layer by layer with their uneven surfaces and edges and form sloping silhouettes. The supports lying behind also correspondingly slope outward. Together with the tie-beams, they are arranged radially around a point of concentration, which lies de-centrally over the space due to the different extents of the overhangs.

In this way, the architects were able to create a column-free space. A band of glass loops between the roof beams as the only light opening. With its peculiarly closed design, the functional building finds its place in the park compound, as a venerable extension of the secondary school buildings.

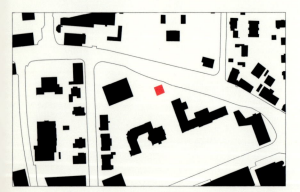

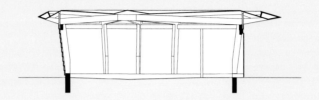

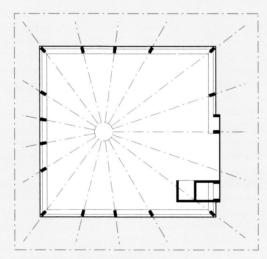

ERDGESCHOSS / GROUND STOREY 1:200

WOHNHÄUSER RÖSSLIGUT
AARAU

Zentrumsnah, wenige Gehminuten vom Bahnhof entfernt und gleichwohl an einer ruhigen Wohnlage – das zeichnete die Ausgangslage für Wohnneubauten im Aarauer Quartier Rössligut aus. Die repräsentative Stadtvilla auf dem Grundstück sollte um Mietwohnungen gehobenen Standards ergänzt werden. Schneider & Schneider setzten gemäss ihrem Wettbewerbsvorschlag von 2009 drei gleichartige kubische Wohnblöcke neben das bestehende Haus. Von der Grundfläche und von der Höhe her entsprechen diese annähernd der Villa. Zudem sind sie wie im Quartier üblich von der Strasse abgerückt in den Garten gesetzt. Der Gartenzaun mit den Mauerpfeilern blieb bestehen, die gemeinsame Gartenanlage konnte dank Tiefgarage weitgehend von Autos freigehalten werden. Jedes Haus besitzt einen eigenen Zugangsweg und einen gedeckten Hauseingang. Sträucher umfassen die Wohngebäude.

Verschiedene Kniffe tragen dazu bei, dass sich die drei Mehrfamilienhäuser gut ins Quartier integrieren. Das vierte Geschoss ist als Attika hinter Dachterrassen zurückversetzt. An den Längsfassaden brechen Versätze deren Dimensionen. Die Balkone sind als Loggien in die Gebäudequader eingeschnitten und lockern so die Umrisse auf. Mit weissen Putzfassaden und durchwegs gleichformatigen Fenstern wirken die Häuser ruhig und unaufgeregt. Zwei gestalterische Raffinessen sind bemerkenswert. Zum einen die ungewöhnlich interpretierten Fensterumrahmungen: Ein Rücksprung im Verputz bildet oberhalb und seitlich der Fenster eine Schattenkante, die nach unten ausläuft – wie der Negativabdruck eines schräg eingedrückten Rahmens. Zum anderen zieren niedrige, dekorativ gestanzte Gitter sowohl die Fenster, da als Absturzsicherung, wie auch die Balkonbrüstungen, dort als Geländer und Halt für Blumentöpfe.

RESIDENTIAL HOUSES RÖSSLIGUT, AARAU

Close to the centre, just a few minutes on foot from the train station, and nonetheless in a quiet, residential area: that characterises the starting situation for the new residential buildings in Aarau's Rössligut neighbourhood. The property's representative urban villa was to be supplemented with upscale rental units. Schneider & Schneider, consistent with their competition proposal from 2009, placed three similar cubic residential blocks alongside the existing house. The structures correspond closely with the villa in terms of ground plan and height. In addition, as is customary in the neighbourhood, they are set in the garden, moved away from the street. The garden fence with the wall columns stayed in place and the shared garden remains largely free of cars thanks to the underground parking garage. Every building has its own access way and a covered entrance. Shrubbery surrounds the buildings.

Various tricks contribute to smoothly integrating the three multi-family homes into the neighbourhood. The fourth storey is set back as a loft behind the rooftop terrace. Step joints on the longitudinal façade break up their dimensions. The balconies are cut into the building block as loggia and thereby loosen up the contours. The buildings' white plaster façades and consistently uniform windows give them a calm and collected appearance. Two subtleties of the design are noteworthy: For one, the novel interpretation of the window framing: a recess in the plaster forms a shadow line above and to the side of the windows, which runs downward – like the negative impression of a frame that has been pressed in at a slant. For another, low, decorative, punched grating decorates the windows, as safety rails, and also the balcony railings, as banister and flower pot holder.

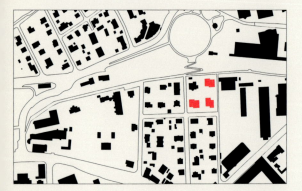

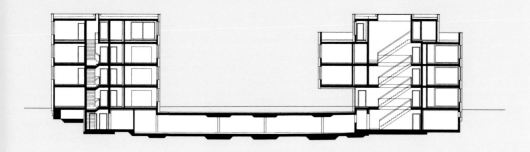

DACHGESCHOSS / TOP STOREY

OBERGESCHOSS / UPPER STOREY

ERDGESCHOSS / GROUND STOREY 1:500

WOHNÜBERBAUUNG SANDSTRASSE
NEUENHOF

Punkt- und Scheibenhochhäuser aus den 1960er-
und 1970er-Jahren charakterisieren das Zentrum der im
Limmattal gelegenen Gemeinde Neuenhof. Daneben,
auf einem langgestreckten Grundstück zwischen Hauptstrasse und Bahnhof, erstellten Schneider&Schneider
eine Wohnüberbauung, die die hohe bauliche Dichte fort-
führt, aber eine freiere, ungerichtete Bebauungsstruktur
einführt. Auf der parkähnlichen Grünfläche sind fünf
gleichartige fünfgeschossige Mehrfamilienhäuser
verteilt: Sie erinnern an nebeneinander ankernde Schiffe.
Die polygonalen Baukörper sind so gegeneinander
versetzt und wechselweise zueinander verdreht, dass
dazwischen zwei grössere Aussenräume freibleiben:
Der eine ist mit Rasen und der andere mit Kies für Spiel-
und Aufenthaltsbereiche gestaltet. Dadurch bietet die
Überbauung verschiedene Lesarten: Je nach Standpunkt
erscheinen die fünf Wohnblöcke mal als freistehende
Solitäre, mal als zusammengehörige Grossform. Jeder
Gebäudekörper ist an den Längsseiten geknickt, sodass
eine polygonale Form mit sechs kürzeren Fassaden-
abschnitten entsteht. Dadurch wirken die Wohnhäuser
weniger massig, bieten im Innern jedoch genug
Gebäudetiefe für eine ökonomische Grundrisseinteilung.

Jedes Fenster und jede Loggiaöffnung besitzt anstelle
der üblichen Gewände an lediglich zwei übereck verbun-
denen Seiten eine glatte, helle Putzschicht, die sich
vom ansonsten rauen, dunklen Verputz abhebt. Diese
winkelförmigen Fensterbetonungen in wechselnder
Anordnung erscheinen zunächst als grafische Verspielt-
heit, die die Überbauung im heterogenen Umfeld
auszeichnet. Dann realisiert man, dass ein gleichmässi-
ges Netzmuster die übrige Fassadenfläche überzieht
und so den Gebäudekörper umspannt. In diesem Fassadenbild wird die dahinterliegende Einteilung in 2½-
bis 4½-Zimmer-Wohnungen verwischt. Jedes Haus ist in
einem anderen warmen Grauton gestrichen. Haustüren
aus Nussbaumholz, ein sorgfältig gestaltetes Treppenhaus sowie eine Vielfalt an Wohnungsgrundrissen werten
den günstigen Mietwohnungsbau auf.

HOUSING ESTATE SANDSTRASSE, NEUENHOF

Point and slab high rises from the 1960s and 1970s
characterise the centre of the Limmattal community of
Neuenhof. Schneider & Schneider placed a residential
complex alongside this on an elongated plot of land
between the main road and railway station, continuing
the high structural density, but introducing a freer,
non-directional development structure. Five consistent
five-storey multi-family homes are distributed on the
shared green space. They bring to mind, ships anchored
side by side. The polygonal building volumes are set
against one another and alternately turned towards one
another in such a way that two large exterior spaces
remain open in between. The one is furnished with grass,
and the other with gravel as playing and gathering
areas. The super structure thereby lends itself to various
readings: depending on the standpoint, the five residential blocks appear at times as free-standing, solitary
structures and at times as a contiguous major form.
Every building volume is bent on the longitudinal
sides giving rise to a polygonal form with six shorter
façade sections. In this way, the structures appear less
massive, but nonetheless offer enough depth inside
for an economic ground plan arrangement.

Rather than the normal vestment on merely two
diagonally connected sides, every window and loggia
opening has a smooth, light plaster layer, which is
set apart from the otherwise rough, dark plasterwork.
These angular window accents, in alternating order,
first appear as graphic playfulness that characterises
the complex in the heterogeneous surroundings.
One then realises that a uniform net pattern covers the
rest of the façade area, and thus envelopes the building volume. In this façade, the division that occurs
behind, into two-and-a-half-room and four-and-a-half-
room flats, is blurred. Every building is painted in a
different, warm shade of grey. The walnut doors, a carefully designed stairway, as well as a variety of different
ground plans for the flats upgrade the inexpensive
rental unit building.

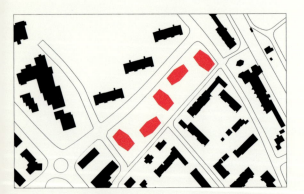

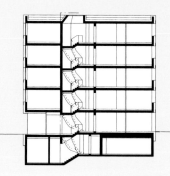

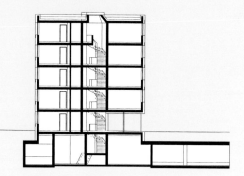

OBERGESCHOSS / UPPER STOREY

ERDGESCHOSS / GROUND STOREY 1:500

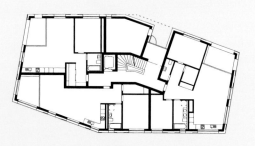

MARKUS FRIEDLI

GUT, SCHÖN UND RICHTIG!

Wir hatten uns ein wenig aus den Augen verloren. Zwar wusste ich, dass Beat Schneider mit seinem Bruder Thomas ein Architekturbüro in Aarau gegründet hatte, doch kannte ich nur wenige Arbeiten aus der Anfangszeit ihrer selbständigen Tätigkeit. Aufgefallen und bis heute präsent ist mir die Transformation eines wenig traktablen Einfamilienhauses aus den 1960er-Jahren zu einem eleganten Gebäude. Das 1998 fertiggestellte Haus am Landhausweg in Aarau (siehe S. 8) weist alle Merkmale auf, welche die architektonische Haltung und bauliche Ausprägung der Entwürfe von Thomas und Beat Schneider bestimmen: Aus intelligenten Gedanken werden intelligente Lösungen generiert. Mit Ruhe, Disziplin und Fleiss wird die jeweilige Bauaufgabe angegangen und beharrlich zu einem stimmigen Ergebnis geführt. Die Bauten von Thomas und Beat Schneider haben trotz ihrer intensiven Entwicklungszeit, ihrer akribischen Planung und Ausführung nichts an selbstdarstellerischem Pathos.

Als das kantonale Hochbauamt Thurgau 2002 für die Gesamtplanung des Kantonsspitals Frauenfeld einen offenen, zweistufigen Architekturwettbewerb ausschrieb, fiel die Bewerbung von Schneider & Schneider in der Selektion sofort auf. Ein noch junges Büro, das das Preisgericht aber mit seiner Vielschichtigkeit und der Qualität der eingereichten Referenzobjekte überzeugte. In eindrücklicher Weise hat sich das Projekt «Cortes» von Thomas und Beat Schneider durchgesetzt und den Wettbewerb für sich entschieden. Was meint nun die eindrückliche Weise, die dieses Projekt von anderen unterscheidet? Es sind die Essenzen, welche die Bauten und Projekte von Schneider & Schneider bestimmen: Zu einem wohlgeformten Baukörper kommen klare Grundrissdispositionen

GOOD, FINE, AND TRUE!

We had lost sight of each other somewhat. I was, indeed, aware that Beat Schneider and his brother Thomas had founded an architectural office in Aarau, but I knew only a few of the works from the first few years that they were working on their own. What was striking, and is still present for me now is the transformation of a not very tractable single-family home from the 1960s into an elegant building. The house on Landhausweg in Aarau (See p. 8) completed in 1998, reveals all of the qualities that distinguish the architectural attitude and structural specificity of Thomas and Beat Schneider's designs: intelligent solutions are generated from intelligent thoughts. In each case, the building task at hand is tackled with calmness, discipline, and diligence, and persistently guided to a coherent result. Despite the intensive period required for their development and their meticulous planning and completion, Thomas und Beat Schneider's buildings hold no self-representational pathos.

When the county civil engineering authorities called an open, two-stage architectural competition for the overall planning of the county hospital Frauenfeld in 2002, Schneider & Schneider's entry immediately attracted attention in the selection of applicants. A still young office that was nonetheless able to convince the prize jury through the complexity and quality of the submitted reference object. Thomas and Beat Schneider's project "Cortes" prevailed in an impressive way, and won the competition.

But how did this project manage to differentiate itself from the others so impressively? It is the essences that distinguish Schneider & Schneider's structures and projects: a shapely structure also has clear ground-plan dispositions with high functional qualities. Carefully

mit hohen funktionalen Qualitäten. Durchdachte Konstruktionsweisen und eine solide Materialisierung stehen ebenfalls für ihre Arbeiten.

Nun ist das Projekt das eine, dessen Konkretisierung und Umsetzung im Bauprozess aber das andere. Als professioneller, staatlicher Bauherr habe ich andere Anforderungen, Rahmenbedingungen und Erschwernisse, als sie ein privater Bauherr hat. Zwar verfügen die Kantone und die grösseren Städte über eigene Hochbauämter, die die fachkompetente Begleitung und Abwicklung von öffentlichen Bauvorhaben sicherstellen, doch sind die politischen und gesellschaftlichen Einwirkungen – sehr oft und in zunehmendem Masse – bestimmend; selbstredend kostengünstig und Benchmark-tauglich … Doch gerade in der Sublimierung aller gegebenen Faktoren soll ein Ganzes, in sich Stimmiges und letztlich langzeitig Gültiges entstehen. Es sind die gefestigte Professionalität, aber auch die menschlichen und mentalen Ressourcen eines Architekten, die entscheiden. 13 Jahre dauert die Planung für das Spital Frauenfeld, bis der Bau 2015 begonnen wird, der 2019 fertiggestellt sein soll (→1).

1

Unzählige Planungs- und Koordinationssitzungen, Workshops mit Nutzervertretern und Abklärungen mit Fachplanern, Spezialisten und Amtsstellen reihen sich in die Konstruktionsentwicklung, Fassadenplanung und Materialisierung ein.

Gut gestaltet sich die Zusammenarbeit zwischen den Architekten und dem Thurgauer Hochbauamt! Es ist neben der hohen Dialogfähigkeit und des fachlichen Austauschs insbesondere die Verlässlichkeit und die seriöse Behandlung von Themen, Anliegen oder Erfordernissen, welche die Arbeit von Thomas und Beat Schneider sowie ihrer engagierten Mitarbeiterinnen und Mitarbeitern auszeichnen. Ihre Offenheit, auch für «das andere Argument», und das Eingehen auf die

contemplated construction methods and a solid materialisation likewise represent their works.

But the project is one matter, its concretisation and realisation in the construction process, another. A professional, state client has different demands, framework conditions, and difficulties than a private builder. The counties and major cities do, indeed, have their own building offices, which assure competent professional accompaniment and execution of public building projects, but – quite often and increasingly so – political and social influences are decisive in the end; it goes without saying, cost-efficient and benchmark capable … But precisely in the sublimation of all of the given factors, something whole and self-coherent is meant to arise, something that is, in the end, effective over the long term. It is an architect's steady professionalism, and also human and mental resources that are decisive. The planning for the county hospital Frauenfeld will have gone on for thirteen years by the time construction begins in 2015; completion is slated for 2019 (→1). Added to the construction development, façade planning, and materialisation are countless planning and coordination meetings, workshops with occupant-representatives and clarifications with professional planners, specialists, and authorities.

The cooperation between the architects and the Thurgauer building office took on good form! In addition to their solid ability to engage in dialogue and professional exchange, the work of Thomas and Beat Schneider and their dedicated team is characterised by reliability and serious treatment of themes, concerns, and demands. Their openness, to "the other argument", too, and responsiveness to the builder cannot be taken for granted, as these virtues seem to be disappearing nowadays. Schneider & Schneider do not lose sight of their design principles or architectural intentions at any moment in the planning process, and instead, are capable of cleverly adapting them.

Things happen in one way or perhaps another way, but never, simply in any way!

The circle has come to a close. For quite some time now, our relationship has no longer been that of a student (Beat Schneider) to an architecture instructor (Markus Friedli). A quarter of a century has passed since those days in the second year of study, 1990/91, with Professor Flora Ruchat at the ETH Zurich. I can

Bauherrschaft ist nicht selbstverständlich und scheint eine im Schwinden begriffene Tugend zu sein. In keinem Augenblick eines Planungsprozesses verlieren Schneider & Schneider ihre entwerferischen Grundsätze und architektonischen Absichten aus den Augen, sondern vermögen diese klug zu adaptieren. Die Dinge geschehen so oder so, aber nicht einfach so! Der Kreis hat sich geschlossen, und schon lange ist es nicht mehr das Verhältnis des Studierenden Beat Schneider zum Architekturlehrer Markus Friedli. Seit der Zeit im zweiten Jahreskurs 1990/91 bei der Professorin Flora Ruchat an der ETH Zürich liegt ein Vierteljahrhundert. Meine Begleitung der Diplomarbeit 1996 von Beat Schneider ist mir in ebenso guter Erinnerung wie seine Praktikumstätigkeit zwischen 1992 und 1995 als Begleiter der Projektentwicklung des Schulhauses Ackermätteli in Basel bei Ackermann & Friedli (→2). Ein engagiertes Tun, Wissen und Können, das positive Wesen und ein unermüdlicher Arbeitseifer sind durchgehende Konstanten in der Arbeit von Thomas und Beat Schneider. Eine ungebrochene Linie erstreckt sich von damals zu heute; nichts ging verloren, vieles ist dazugekommen. Wenn wir gemeinsam eine Fassadengestaltung oder eine Grundrisssituation diskutieren oder Modelle und Materialproben betrachten, wir uns in Planungs- und Baukommissionssitzungen abstimmen, so geschieht das immer auf Augenhöhe, mit gegenseitiger Achtung und Wohlwollen.

Im gemeinsam erlebten Zurückliegenden sowie im lebendigen Hier und Jetzt ist die Arbeit gut, schön und richtig!

remember my supervision of Beat Schneider's diploma thesis in 1996 just as clearly as his practical training between 1992 and 1995 as project development supervisor for the Ackermätteli school building in Basel with Ackermann & Friedli (→2). Commitment, knowledge,

2

and ability, positive character and tireless zeal are enduring constants in the work of Thomas und Beat Schneider. The line from past to present remains unbroken; nothing has been lost, but a great deal has been gained. When we discuss a façade design or floor plan situation, view models and material samples, or coordinate at planning and building commission meetings, then this always occurs as equals, eye to eye, with mutual respect and courtesy.

In our shared past experiences, and the dynamic here and now, the work is good, fine, and true!

1 «PROJEKT HORIZONT» KANTONSSPITAL FRAUENFELD, 2008
2 SCHULHAUS ACKERMÄTTELI, BASEL, ACKERMANN & FRIEDLI, 1995/96

SCHNEIDER & SCHNEIDER
IM GESPRÄCH MIT / IN CONVERSATION WITH
MICHAEL HANAK

Viele Architekten haben – zumindest heimlich – einen Lieblingsbau oder Leitstern, den sie meist ungern verraten. Welches Gebäude oder welche Architekten verehren oder bewundern Sie besonders?

THOMAS SCHNEIDER: Mich persönlich fasziniert die Nachkriegsmoderne in Mailand sehr, allen voran die Gebäude von Asnago & Vender an der Via Albricci und Via Velasca. Sie nehmen städtebaulich Bezug auf das 19. Jahrhundert, setzen also das bestehende Stadtgefüge kontinuierlich fort, reduzieren aber das formale Vokabular im Sinne eines moderaten Rationalismus. Die Rhythmisierung der Fenster und das sorgfältige Detail haben dabei ein sehr hohes Gewicht. Ich glaube, das ist auch eine Verbindung zu unserer Architektur.

BEAT SCHNEIDER: Ich kann mich weder auf einen bestimmten Architekten noch auf eine bestimmte Ausrichtung festlegen. Für mich ist das ein offenes Feld und vielleicht gerade auch typisch dafür, wie wir das Entwerfen angehen. Wir legen sehr viel Offenheit an den Tag und legen uns formal erst relativ spät fest. Ich wüsste keinen Namen, den ich herausgreifen könnte.

MICHAEL JUNG: Ich glaube auch, unsere bisherigen Bauten zeichnen sich dadurch aus, dass sie eine relativ breite Vielfalt, ein breites Spektrum zulassen. Sie zeigen das Interesse an verschiedenen Ansätzen von Architektur oder das Interesse an einer guten Lösung für die spezifische Aufgabe und den spezifischen Ort. Keine dogmatische Umsetzung einer Architekturrichtung, sondern die Freude an der Vielfalt.

Bisher hat Ihr Büro viele Anbauten realisiert. Haben Sie diese Aufgabe, den Umgang mit bestehenden Gebäuden, gewählt? Oder wie kam es dazu?

BEAT SCHNEIDER: Die erste Frage ist: Sind es Anbauten? Ich denke, das Thema, das uns fasziniert, ist das Weiterbauen, nicht das Anbauen. Das ist für mich ein

Many architects have – at least secretly – a favourite building or guiding star that they usually don't like to reveal. What building or which architect do you especially admire or revere?

THOMAS SCHNEIDER: Personally, I'm extremely fascinated by post-war modernism in Milan, and first and foremost, the buildings by Asnago & Vender on Via Albricci and Via Velasca. In terms of urban planning, they refer to the nineteenth century, thereby steadily continuing the existing urban fabric, but reducing the formal vocabulary in the sense of moderate rationalism. The rhythmic pattern of the windows and meticulous detail are attributed great significance in that. I believe it's also a tie to our architecture.

BEAT SCHNEIDER: I can't decide on either a particular architect or a particular orientation. For me, the field is open, and perhaps that's even typical of how we approach designing. We exhibit a great deal of openness and don't commit ourselves formally until relatively late in the process. I don't know of any name that I could single out.

MICHAEL JUNG: I also think that our hitherto buildings distinguish themselves by allowing a relatively broad diversity, a broad spectrum. They reveal an interest in various architectural approaches and the concern with a good solution for a specific task and specific location. Pleasure in diversity; no dogmatic realisation of an architectural orientation.

Until now, your office has realised a great number of additions. Did you choose this task, the interaction with existing buildings? Or how did you arrive at it?

BEAT SCHNEIDER: The first question is: are they additions? I think that for us, the fascinating theme is continuing a building, not building onto it. For me, that's a crucial difference. At issue is further building and further development, seeking something new in conjunction with the old. My enthusiasm for these themes took root during my studies. Twenty years ago at the

wesentlicher Unterschied. Es ist ein Weiterbauen und ein Weiterentwickeln, etwas Neues zusammen mit dem Alten suchen. Die Begeisterung für diese Themen wurzelt bei mir im Studium. Vor 20 Jahren an der ETH, bei den Dozenten Marcel Meili und Markus Peter, erhielten wir die damals eigentlich atypische Aufgabenstellung: Wie baue ich in der Stadt weiter? Wir lernten mit dem Kontext zu arbeiten und versuchten, etwas Neues zu schaffen, das Ganze zu verwandeln. Seit unseren ersten Wettbewerbserfolgen entwickeln wir diese Thematik permanent weiter.

THOMAS BLÖCHLIGER: Wir haben keine Angst vor dem Anbauen und dem Umnutzen. Diese Aufgaben reizen uns sogar besonders.

Im Grunde existiert die Aufgabenstellung des Bauens im Bestand, seit es Architektur gibt. Was war denn genau neu daran, als Sie damit begonnen haben?

BEAT SCHNEIDER: Plötzlich ging es nicht mehr um das Trennen, sondern um die Verbindung von Alt und Neu. Wie viel kann ich von dem bestehenden Gebäude wegnehmen, so dass es die räumlichen Qualitäten behält. Was erhalte ich, und wie kann ich das zu einem neuen Ganzen zusammenbringen? Es geht nicht

ETH, lecturers Marcel Meili and Markus Peter presented us with a problem that was atypical back then: How can I continue to build in a city? We learned to deal with context and tried to create something new, to transform the whole. Ever since our first competition wins, we've permanently developed this problem area.

THOMAS BLÖCHLIGER: We are not afraid of extending and converting. We are even particularly attracted to these tasks.

Basically, the task of building within existing stock has been around since there has been architecture. What exactly was new about it then, when you became involved with it?

BEAT SCHNEIDER: Suddenly, it was no longer about dividing, but about connecting old and new. How much of the older building can I take away while still having it maintain its spatial qualities? What do I keep, and how can I bring that together as a new whole? It's no longer about playing out old and new, but instead, assembly, symbiosis.

THOMAS SCHNEIDER: For me, during my introductory studies with Heinz Ronner at ETH, the joint – for example, of glass – was still considered doctrine. The major role model for that was the building at the firefighting centre in Basel by Ueli Marbach and Arthur Rüegg, with the lateral joint connecting it with the urban row.

Can you detect a turning point in the understanding of further construction since the mid-1990s?

BEAT SCHNEIDER: Yes, the discussion truly turned in a new direction. At the ETH, back then, dealing with the existing stock was taught entirely differently by monument conservator Georg Mörsch than by Meili and Peter at the Chair for Design.

Looking over your list of works, it becomes evident that they are mainly common building tasks. New residential buildings and further building are everyday building tasks and for that reason, usually not so spectacular.

BEAT SCHNEIDER: The commonplace and unspectacular correspond with our attitude of contextual building. Important is the continuity of a built environment. When we continue to build a structure, our aim is never to make the new one more spectacular than the old one

mehr um das Ausspielen zwischen Alt und Neu, es geht um das Zusammenfügen, die Symbiose.

THOMAS SCHNEIDER: Bei mir galt im Grundstudium bei Heinz Ronner an der ETH noch die Fuge – beispielsweise aus Glas – als Doktrin. Das grosse Vorbild dafür war das Gebäude beim Feuerwehrzentrum in Basel von Ueli Marbach und Arthur Rüegg, mit den seitlichen Fugen im Anschluss an die städtische Zeile.

Seit Mitte der 1990er-Jahre kann ein Wendepunkt in der Auffassung des Weiterbauens ausgemacht werden?

BEAT SCHNEIDER: Ja, die Diskussionsrichtung war wirklich neu. An der ETH wurde damals der Umgang mit dem Bestand von Denkmalpfleger Georg Mörsch ganz anders vermittelt als am Entwurfslehrstuhl von Meili und Peter.

Wenn man Ihre Werkliste überblickt, sieht man, dass es sich eher um gewöhnliche Bauaufgaben handelt. Wohnneubauten und das Weiterbauen sind alltägliche Bauaufgaben und daher meist nicht so spektakulär.

BEAT SCHNEIDER: Das Alltägliche und das Unspektakuläre entsprechen unserer Haltung von kontextuellem

At the beginning of this year you added two partners and three associates to your architectural office, which has had a staff of roughly forty over the past several years. Have the volume of commissions and size of your staff also grown?

BEAT SCHNEIDER: Michael Jung and Thomas Blöchliger had already been associates since 2005. We want to define the structure in advance in such a way that we can manage our building tasks and the office can continue to develop.

MICHAEL JUNG: We don't necessarily want to grow, but still, are steadily more.

Three of the current partners in the office graduated under Professor Flora Ruchat-Roncati at the ETH Zürich. Is that a coincidence? Or does this versatile architect from Ticino who recently passed away have a special significance for you?

MICHAEL JUNG: Ruchat tolerated a lot in her department. Different ideas and attitudes were possible. At other professorships, you were guided much more toward a certain approach. That is reflected in our office: we search for a broad palette of ideas and possibilities.

Bauen. Es geht um die Kontinuität einer gebauten Umgebung. Wenn wir Gebäude weiterbauen, geht es nie darum, das neuere spektakulärer als das alte zu machen.

Anfang dieses Jahres haben Sie Ihr Architekturbüro, das in den letzten Jahren immer etwa 40 Mitarbeitende zählte, um zwei Partner und drei Associés erweitert. Wachsen auch das Auftragsvolumen und die Mitarbeiterzahl?

BEAT SCHNEIDER: Michael Jung und Thomas Blöchliger sind schon seit 2005 Associés. Wir wollen die Struktur im Voraus so festlegen, dass wir unsere Bauaufgaben bewältigen können und sich das Büro weiterentwickeln kann.

MICHAEL JUNG: Wir wollen nicht zwingend wachsen und werden doch kontinuierlich mehr.

Drei der heutigen Büropartner haben bei Professorin Flora Ruchat-Roncati an der ETH Zürich diplomiert. Ist das ein Zufall? Oder hat diese vielseitige, kürzlich verstorbene Tessiner Architektin eine besondere Bedeutung für Sie?

THOMAS BLÖCHLIGER: It is irrelevant whether the openness in the architectural language at this professorship was formative for us or if we chose this professorship because of our openness …

BEAT SCHNEIDER: Formative were also the assistants at this institute, Markus Friedli and Dieter Geissbühler, and the "Neue Einfachheit/New Simplicity" that they advocated.

How do you divide up the roles within the office management? Are there clear assignments of responsibilities? And what experiences have you had up to now in terms of office organisation and division of work?

BEAT SCHNEIDER: Thomas and I are brothers and know one another very well. That is a basic condition of our cooperation. Often, all we need is eye contact to know how the other will decide on a project. There is no actual division of tasks. We discuss all projects and problems together.

THOMAS SCHNEIDER: Naturally, there is a distribution of roles behind it all; who does the most of what. Beat presents the projects more to the outside; I have more responsibility for the management and personnel.

MICHAEL JUNG: Flora Ruchat hat an ihrem Lehrstuhl viel zugelassen. Es waren unterschiedliche Ideen und Haltungen möglich. An anderen Professuren wurde man viel stärker auf eine bestimmte Haltung hingeleitet. Das widerspiegelt sich in unserem Büro: Wir suchen eine breite Palette an Ideen und Möglichkeiten.

THOMAS BLÖCHLIGER: Ob die Offenheit in der Architektursprache an dieser Professur für uns prägend war oder ob wir uns wegen unserer Offenheit diese Professur aussuchten, sei dahingestellt …

BEAT SCHNEIDER: Prägend waren auch die Assistenten dieses Lehrstuhls, Markus Friedli und Dieter Geissbühler, und die von ihnen vertretene ‹Neue Einfachheit›.

Wie sind die Rollen innerhalb der Geschäftsleitung verteilt? Gibt es klare Aufgabenzuteilungen? Und welche Erfahrungen haben Sie bisher bezüglich Büroorganisation und Arbeitsteilung gemacht?

BEAT SCHNEIDER: Thomas und ich sind Brüder und kennen uns sehr gut. Das ist eine Grundvoraussetzung für unsere Zusammenarbeit. Oft reicht ein Blickkontakt, damit der eine weiss, wie der andere entscheiden würde. Eine eigentliche Aufgabenteilung gibt es nicht. Wir besprechen alle Projekte und alle Probleme miteinander.

THOMAS SCHNEIDER: Natürlich gibt es im Hintergrund eine Rollenverteilung, wer mehrheitlich was macht. Beat vertritt die Projekte eher nach aussen, ich bin mehr für die Geschäftsführung und das Personal zuständig.

BEAT SCHNEIDER: In der Geschäftsleitung hat jeder ein bestimmtes Tätigkeitsfeld. Die Projekte werden aber gemeinsam entwickelt.

Ist es auch ein bewusster Entscheid, dass Sie neben der Projektierung und der Planung oft auch die Bauleitung selbst abdecken?

BEAT SCHNEIDER: Das war ein absolut bewusster Entscheid, von Anfang an. Der Austausch zwischen Ausführung und Planung ist für alle ein Gewinn. Wir geben uns nicht damit zufrieden, ein Projekt im Massstab 1:100 aufzuzeichnen. Wir wollen auf die detailgetreue Umsetzung unserer Projekte Einfluss nehmen. Bei uns liegt viel im Detail, im subtilen Umgang. Ob nun bei Neubauten oder bei Umbauten.

BEAT SCHNEIDER: Each of us has a particular area of activity in running the office. But the projects are developed together.

Is it also a conscious decision that you often cover construction management in addition to project planning and design?

BEAT SCHNEIDER: That was an entirely deliberate decision from the start. The exchange between realisation and planning is a benefit for everyone involved. We aren't satisfied with drawing a project at a scale of 1:100. We want to have a say in the accurate implementation of our projects. With us, there is a lot of importance in the detail, in the subtle treatment. That applies to both new buildings and renovations.

MICHAEL JUNG: Stick with it until the end! To assure the performance quality.

How did you actually decide to found an office? And how did it evolve?

BEAT SCHNEIDER: We received an inquiry from a friend who wanted to reconvert his house. That was our first direct commission, before we even had an office.

MICHAEL JUNG: Und das Dranbleiben bis am Schluss, damit die Ausführungsqualität stimmt.

Wie kam es eigentlich zur Gründung des Büros? Und wie hat es sich entwickelt?

BEAT SCHNEIDER: Wir erhielten die Anfrage von einem Freund, der sein Haus umbauen wollte. Das war der erste Direktauftrag, ohne dass wir ein Büro hatten.

Also kein bewusster Entscheid, ein Büro zu gründen.

THOMAS SCHNEIDER: Ich hatte zuerst gedacht, wir würden länger in den ‹Wanderjahren› bleiben. Dann kam aber diese Chance. Wir fingen während der grössten Rezession an, es gab keine Arbeit auf dem Markt. Wir gingen ein riesiges Risiko ein. Glücklicherweise gewannen wir gleich in den ersten zwei Jahren drei Wettbewerbe.

Überblickt man Ihre Werkliste, die mehr als 80 ausgeführte Bauten umfasst, so sehe ich darin eine Reihe bekannter öffentlicher Bauten sowie mindestens so viele private Wohnhäuser. Inwieweit wählen Sie die Bauaufgaben selbst aus und inwieweit wiederholen sich Anfragen von Bauherrschaften aufgrund Ihrer bisherigen Referenzen?

BEAT SCHNEIDER: Die Bandbreite unserer Bauaufgaben zeigt deutlich, dass wir nicht in eine Richtung steuern, sondern offen sind für alle Aufgabenstellungen. Ob gross oder klein, wir suchen nichts Bestimmtes. Es ist ein bewusster Entscheid, diese unterschiedlichen Aufgaben und unterschiedlichen Grössen der Projekte nebeneinander führen zu können.

MICHAEL JUNG: Ich würde sogar noch weitergehen und behaupten, wir sind nicht nur offen, sondern wir kultivieren ganz verschiedene Projektgrössen. Wir schätzen das breite Spektrum an Aufgaben. Ganz unterschiedliche Bauaufgaben zeigen plötzlich Analogien, und wir können übers Kreuz von anderen Projekten profitieren.

Ich höre immer wieder von Architekten, dass sie in ein Spezialgebiet hineingedrängt werden, weil sie sich darin bewährt haben. Wenn Sie das nicht wollen, müssen Sie dem etwas entgegensetzen, oder nicht?

THOMAS SCHNEIDER: Es ist eindeutig so, dass man mit Referenzen bei Wettbewerben mit Präqualifikation schneller und einfacher reinkommt. Auch wenn man

So it wasn't a deliberate decision to found an office.

THOMAS SCHNEIDER: At first, I thought we would spend more time in the "wandering years". But then this opportunity came up. We started during the great recession; there wasn't any work on the market. We took a huge risk. Fortunately, we won three competitions right away in the first two years.

Looking over your work list, which comprises more than eighty completed structures, I see a number of well-known public buildings, and just as many private residences. To what extent do you choose your own building tasks and to what extent do you have repetitive inquiries from clients based on your previous references?

BEAT SCHNEIDER: The scope of our building tasks clearly shows that we do not steer in one direction, but instead, are open for all sorts of tasks. Whether large or small, we are not looking for anything in particular. It is a conscious decision, to be able to carry out these different tasks and different size projects alongside one another.

MICHAEL JUNG: I would even go further and claim that we are not only open, but that we cultivate entirely different size projects. We appreciate the broad spectrum of tasks. Entirely different building tasks suddenly reveal analogies, and we can profit from the cross with other projects.

Architects tell me again and again that they have been pushed into a specialty area because they have proved themselves in it. If you do not want that to happen, do you have to oppose it in some way, or not?

THOMAS SCHNEIDER: Sure, it is definitely so that you get into competitions with pre-qualifications faster and easier if you have references. Also, when you've built a few elaborate single-family homes, you will get another commission for an upscale single-family home.

BEAT SCHNEIDER: And if you've built two nursing homes, then it's obvious that you will be asked to do a third. We've also waived the chance to participate in a pre-qualification because we don't want to grapple with only one area of activity.

Your work list also shows a lot of participation in study commissions, test designs, and project competitions.

ein paar aufwendige Einfamilienhäuser gebaut hat, bekommt man erneut einen Auftrag für ein gehobenes Einfamilienhaus.

BEAT SCHNEIDER: Und wenn man zwei Pflegeheime baut, liegt es auf der Hand, dass man für ein weiteres angefragt wird. Wir verzichten auch mal auf die Teilnahme an einer Präqualifikation, weil wir uns nicht nur mit einem Aufgabenfeld auseinandersetzen wollen.

Ebenfalls finden sich viele Beteiligungen an Studienaufträgen, Testplanungen und Projektwettbewerben in Ihrer Werkliste. Wie wichtig sind Wettbewerbe, um an Aufträge zu kommen? Wie hoch liegt bei Ihnen die Erfolgsquote?

THOMAS SCHNEIDER: Der Wettbewerb ist bei uns ganz klar die Hauptakquisition. Zusammengezählt haben wir die Erfolge nicht, aber wir sind zufrieden damit.

BEAT SCHNEIDER: Früher, als junges Büro, war der Wettbewerb das Mittel, um überhaupt an Aufträge zu kommen. Wenn es keine Wettbewerbe geben würde, bei denen auch Büros ohne Erfahrungen mitmachen dürfen, dann wäre unser Weg fast unmöglich gewesen.

How important are competitions for obtaining commissions? How high is your success rate?

THOMAS SCHNEIDER: For us, competition is quite clearly the main acquisition. Added together, we aren't all that successful, but we're satisfied with it.

BEAT SCHNEIDER: Before, as a young office, competitions were the means to get any commissions at all. Those competitions that allowed also offices without experience to participate made our path possible, without them, we would never be where we are now.

MICHAEL JUNG: There is a trend towards increasingly elaborate competitions, although they don't bring better results, just more work and expense. Ever more details are asked for, and more cost assurance. But what is decisive is that the client knows what he or she wants.

THOMAS SCHNEIDER: Still, competitions are a top cultural asset in Switzerland that we have to attend to.

Not all competitions lead to a building project. For you, how important is the conceptual project planning in the framework of a competition? And how important are the competition successes for the office's economic survival?

MICHAEL JUNG: Es gibt einen Trend zu immer aufwendigeren Wettbewerben, die aber keine besseren Resultate bringen, sondern vor allem einen Mehraufwand. Verlangt werden immer mehr Details und mehr Kostensicherheit. Entscheidend aber ist, dass der Auftraggeber weiss, was er will.

THOMAS SCHNEIDER: Aber es ist schon so: Wettbewerbe sind in der Schweiz ein hohes Kulturgut, das wir pflegen müssen.

Nicht alle Wettbewerbskonkurrenzen führen auch zu einem Bauprojekt. Wie wichtig ist Ihnen das konzeptionelle Projektieren im Rahmen eines Wettbewerbs? Und wie wichtig sind die Wettbewerbserfolge für das ökonomische Weiterbestehen des Büros?

BEAT SCHNEIDER: Wettbewerbe sind, ob man sie gewinnt oder nicht, eine gute Entwicklungsarbeit. Sie bringen uns weiter. Sie sind der Motor, um uns mit anderen Themen, mit anderen Orten, anderen Entwurfsmitteln auseinanderzusetzen.

In jüngster Zeit konnten Sie in Wettbewerbsverfahren einige sehr umfangreiche Projekte gewinnen, etwa

BEAT SCHNEIDER: Whether you win or not, competitions are good developmental work. They bring us further. They are the impulse for us to confront different themes, different sites, and different means of design.

Recently, you were able to win several very extensive projects in competition proceedings, for example, the high rise, Hochhaus Torfeld Süd, and the headquarters of the Swissgrid in Aarau. Do these projects open up new dimensions for you simply because of their size and complexity?

THOMAS SCHNEIDER: Not at all. We already began to realise complex projects a long time ago with the county hospital in Frauenfeld and the eye clinic in Lucerne. Naturally, we're glad that we are able to realise these new projects in our hometown of Aarau. We've built single-family homes here right from the start, but for a long time, nothing large.

BEAT SCHNEIDER: What appeals to us about both projects, independent of the location and size, is that they involve two entirely different tasks and thereby confront us with new challenges. But we are just as happy with small building tasks.

das Hochhaus Torfeld Süd und den Hauptsitz der Swissgrid in Aarau. Bedeuten diese Aufträge schon rein von ihrer Grösse und ihrer Komplexität her eine neue Dimension für Sie?

THOMAS SCHNEIDER: Gar nicht. Mit dem Kantonsspital Frauenfeld und der Augenklinik in Luzern haben wir schon viel früher damit begonnen, komplexe Projekte umzusetzen. Es freut uns aber natürlich, dass wir diese neuen Projekte in unserer Heimatstadt Aarau verwirklichen dürfen. Dort bauten wir von Beginn an Einfamilienhäuser, aber lange Zeit nichts Grosses.

BEAT SCHNEIDER: Was uns an den beiden Projekten unabhängig von Standort und Grösse reizt, ist, dass sie zwei ganz verschiedene Aufgaben beinhalten und damit neue Herausforderungen an uns stellen. Doch wir haben genauso viel Freude an einer kleinen Bauaufgabe.

MICHAEL JUNG: Zum Beispiel lag zwischen den beiden Wettbewerben des Hochhauses und der Swissgrid die Erweiterung der Propstei Wislikofen, der Anbau eines Seminarraums. Das war ein kleiner Wettbewerb, den wir bauen durften. Das Ergebnis wurde gerade fertiggestellt.

Geografisch liegt der Schwerpunkt Ihrer Arbeiten in Aarau und Umgebung? Fokussieren Sie mit dem Bürostandort in Aarau gezielt das Schweizer Mittelland?

THOMAS SCHNEIDER: Dass sich unser Schaffen auf Aarau konzentriert, das ist erst seit jüngster Zeit so. Wir haben lange Zeit hier nicht so viel bauen können und hatten unsere Aufträge mehr über die ganze Schweiz verteilt. Erst in letzter Zeit, also in den letzten vier Jahren, erzielten wir ein paar Wettbewerbserfolge im Raum Aarau. Daher verdichtet es sich nun etwas mehr in unserer Region. Wir nehmen aber an Wettbewerben in der ganzen deutschsprachigen Schweiz teil.

MICHAEL JUNG: Der Ursprung des Büros hat sich aber schon mit kleineren Bauten im Raum Aarau entwickelt. Wenn man ein Projekt so eng begleiten will, wie wir das machen, wird die Distanz zum Büro bei kleinen Projekten irgendwann kritisch.

Sie arbeiten regelmässig mit denselben Landschaftsarchitekten und Bauingenieuren zusammen. Wie wichtig sind dabei persönliches Einvernehmen und personelle Kontinuität?

MICHAEL JUNG: For example, the expansion of the Propstei Wislikofen by the addition of a seminar space came between the two competitions for the high rise and the Swissgrid. That was a small competition that we were able to build. The structure has just been completed.

Geographically, the bulk of your works are in Aarau and surroundings. With the location of your office in Aarau, do you have a deliberate focus on central Switzerland?

THOMAS SCHNEIDER: Our production has been concentrated in Aarau for only a short time now. For quite a while, we didn't have the chance to build a lot here; instead, our commissions were spread throughout all of Switzerland. We've had a few competition successes in the Aarau area recently, that is, in the past four years. So things are now more concentrated in our local region. But we participate in competitions throughout all of German-speaking Switzerland.

MICHAEL JUNG: The foundation of the office developed from smaller structures in the Aarau area. When you strive to accompany a project as closely as we do, then the distance from the office can become critical at some point for smaller projects.

BEAT SCHNEIDER: Wir arbeiten immer wieder mit den gleichen Leuten zusammen, bei den Landschaftsarchitekten sind es vielleicht vier oder fünf, bei den Bauingenieuren auch, bei der Haustechnik vielleicht drei. Wir arbeiten gerne mit Leuten zusammen, mit denen wir im Team etwas entwickeln können. Das hat etwas mit Vertrauen zu tun. Das sind ganz wertvolle Gespräche, wertvolle Kontakte, teilweise auch freundschaftliche Beziehungen, die sich daraus entwickeln. Es ist mehr als ein reines Auftragsverhältnis. Für die Projektentwicklung sind die Fachplaner von zentraler Bedeutung. Auch leben wir der übergeordneten Teamarbeit im Büro nach, indem hier Leute mit verschiedenen Ausbildungen arbeiten.

Unter Ihren ausgeführten Bauten bildet das Wohnen die häufigste Bauaufgabe. Was bedeutet Ihnen das Kreieren von Wohnraum?

THOMAS SCHNEIDER: Beim Wohnungsbau geht es darum, mit einfachen Mitteln eine hohe Wohnqualität zu erreichen.

MICHAEL JUNG: Interessant ist es zu wissen, wie jemand wohnt oder wie sein Alltag aussieht. Die Bauherrschaft muss sich entscheiden, ob das Haus ganz auf sie persönlich zugeschnitten oder möglichst flexibel sein soll. Flexibilität erkauft man sich immer mit einem Verlust an Persönlichem.

BEAT SCHNEIDER: Es ist eine Gratwanderung zwischen Flexibilität und Individualismus. Wir glauben nicht an allgemeingültige Regeln und dass der Wohnungsbau immer gleich aussehen muss. Zurzeit steht beim Wohnungsbau die Rendite an erster Stelle, das ist leider ein sehr kurzfristiges Denken.

Heute existieren zahlreiche Auszeichnungen für Bauten und Architekten. Sie konnten bislang einige solcher Ehrungen entgegennehmen, die natürlich auch immer eine gewisse Publizität mit sich bringen. Was bedeuten diese Preise für Sie?

THOMAS SCHNEIDER: Preise und Medienpräsenz gehören dazu, man sollte sie aber nicht überbewerten.

THOMAS BLÖCHLIGER: Die Publizität ist nur einer der Gründe, ob wir uns um einen Preis bewerben. Der Wert eines Preises hängt immer auch von der Konkurrenz ab.

THOMAS SCHNEIDER: Sehr gefreut haben wir uns über den Baupreis der Stadt Aarau für das Herzoghaus. Das

You cooperate regularly with the same landscape architects and civil engineers. How important are personal concord and continuity of personnel in the process?

BEAT SCHNEIDER: We constantly work with the same people. In terms of landscape architects, there are four or five, and the same with the civil engineers; as for the building technology, perhaps three. We like to work together with people whom we can develop something together with, as a team. That also has to do with trust. The conversations, contacts, in part also friendships that develop from that are incredibly valuable. That's more than a pure contractual relationship. Of central importance for project development are the professional planners. We also pursue a higher-level team work in the office in that people with different qualifications work here.

Residential structures are the most common ones among the buildings that you have realised. What does the creation of living space mean for you?

THOMAS SCHNEIDER: With residential building, it is about achieving a high quality of living with simple means.

MICHAEL JUNG: It is interesting to know how someone lives or what his everyday life looks like. The clients have to decide whether they want the house tailored precisely to their needs, or whether they want it to be more flexible. When you buy flexibility, it always comes with a loss of individuality.

BEAT SCHNEIDER: It is a balancing act between flexibility and individualism. We do not believe in generally-valid rules or that residential building should always look the same. At the moment, the profit is the most important thing in residential building, which, unfortunately, is very short-term thinking.

Nowadays, there are numerous awards for buildings and architects. You've been able to receive several of these honours to date, which naturally also brings publicity along with it. What do these prizes mean to you?

THOMAS SCHNEIDER: Prizes and media presence are part of the business, but they shouldn't be overestimated.

THOMAS BLÖCHLIGER: Publicity is only one reason for us to compete for a prize. The value of a prize always depends on the competition.

THOMAS SCHNEIDER: We were extremely pleased about the building prize of the City of Aarau for the Herzoghaus.

war unser erstes Investorenprojekt. Wir haben das Gebäude für einen Kleininvestor auf einer Restparzelle entwickelt. Dabei durchliefen wir den ganzen Prozess von den ersten Machbarkeitsdiskussionen über den Landkauf bis zum Einzug der Bewohner.

BEAT SCHNEIDER: Es war ein Ort, von dem andere Architekten sagten, dort könne man nicht bauen. Dass wir dann für eine solch knifflige Aufgabe den Baupreis erhielten, das hat uns sehr gefreut.

Die Publizität von Architekten hat sich in den letzten Jahrzehnten enorm verändert. Aus zurückhaltenden, öffentlichkeitsscheuen Baufachleuten sind mediengewandte, allseits verehrte Baukünstler geworden. Als wie wichtig beurteilen Sie den Diskurs über aktuelle Architektur in den Fachzeitschriften und Publikumsmedien?

BEAT SCHNEIDER: Auf eine Weise kann man das als sehr positiv betrachten, weil dadurch in der Öffentlichkeit über Architektur diskutiert wird. Andererseits gibt es den Druck dieser Medien, etwas zu berichten …

MICHAEL JUNG: Ich glaube auch, dass die Medienarbeit wichtig ist. Die Gefahr besteht darin, dass spektakuläre Projekte mehr Publizität erhalten als integrierende Arbeiten. Entscheidend ist aber, dass man die Öffentlichkeit für die gebaute Umwelt sensibilisiert.

In Ihrer ganzen Arbeit erkenne ich den Willen, zu einer gehobenen Baukultur beizutragen. Ist das eines Ihrer grundsätzlichen Anliegen?

MICHAEL JUNG: Unser Anliegen zielt nicht darauf ab, eine allgemeine, globale Architekturlösung zu suchen, sondern die ortsbezogene, die das kulturelle Umfeld zum Ausdruck bringt.

Also ein Votum für das Ortsspezifische …

MICHAEL JUNG: Mit dem Vorhandenen zu arbeiten – ob das der Ort, die Kultur oder die Tradition ist –, daraus wollen wir ein Projekt entwickeln.

That was our first investor project. We developed the building for a small investor on a leftover lot of land. In doing so, we went through the entire process from the first feasibility discussions to the purchase of the land, to the inhabitant's moving in.

BEAT SCHNEIDER: It was a site that other architects said was impossible to build on. The fact that we won the building prize for such a tricky task, that really pleased us.

Architects' public image has changed enormously over the past decades. Reserved, publicity-shy building industry people have become media-adept, much-revered building artists. How important do you consider the discourse about architecture in professional journals and media?

BEAT SCHNEIDER: In one way, you can see it as very positive, because through that, there is a public discussion about architecture. On the other hand, there is pressure from these media to report on something …

MICHAEL JUNG: I also think that media work is important. The danger is that spectacular projects get more publicity than integrative works. But it is decisive to sensitise the public to the built environment.

Throughout your entire work, I recognise the desire to contribute to an up-scale building culture. Is that one of your fundamental concerns?

MICHAEL JUNG: Our concern is not to find a general, global architectural solution, but rather, a site-specific one that embodies the cultural surroundings.

So a vote for the site-specific …

MICHAEL JUNG: Working with what's there – whether that is the site, culture, or tradition – we want to develop a project from that.

HOCHHAUS UND BÜROGEBÄUDE GASTROSOCIAL, TORFELD SÜD, AARAU
PROJEKT 2011, AUSFÜHRUNG 2013–2015

WERKLISTE (AUSWAHL) / LIST OF WORKS (SELECTION)

W   WETTBEWERB / COMPETITION
S   STUDIENAUFTRAG, MACHBARKEITSSTUDIE, TESTPLANUNG /
    STUDY COMMISSION, FEASIBILITY STUDY, TEST PLANNING
P   PROJEKTBEGINN, AUFTRAG / PROJECT START, COMMISSION
A   AUSFÜHRUNG / REALISATION

PROJEKTE SIND ZU BEGINN UND AUSGEFÜHRTE BAUTEN AM SCHLUSS DER
BEARBEITUNGSZEIT AUFGEFÜHRT / PROJECTS ARE LISTED AT THE BEGINNING
AND COMPLETED STRUCTURES AT THE END OF THE TIME PERIOD.

1998

EINFAMILIENHAUS LANDHAUSWEG, AARAU
UMBAU UND ERWEITERUNG / CONVERSION AND EXPANSION, P 1997, A 1998

MEHRFAMILIENHAUS KORNWEG, AARAU
UMBAU / CONVERSION, P 1997, A 1998

FERIENHAUS PROS DA GOD, PONTRESINA
P 1997, A 1998

EINFAMILIENHAUS BINZENHOFSTRASSE, AARAU
UMBAU / CONVERSION, P 1997, A 1998

GEMEINDEHAUS HOTTWIL
UMBAU UND ERWEITERUNG / CONVERSION AND EXPANSION,
S 1998, 1. RANG / 1ST PRIZE

ZWEIFAMILIENHAUS WELTISTRASSE, AARAU
ANBAU / ANNEX, P 1998, A 1998

1999

PRAXISGEBÄUDE OBERRIEDWEG, BELP
UMBAU UND ERWEITERUNG / CONVERSION AND EXPANSION,
P 1998, A 1998/99

EINFAMILIENHAUS RIEDBRUNNENSTRASSE,
SCHÖNENWERD
P 1998, A 1998/99

SCHULANLAGE DORF, WÜRENLINGEN
ERWEITERUNG / EXPANSION, W 1999, 5. PREIS / 5TH PRIZE

2000

SCHULPAVILLON REITHALLE, FACHHOCHSCHULE
AARGAU, AARAU
UMNUTZUNG / REPURPOSING, P 1999, A 1999–2000

HEILPÄDAGOGISCHE SCHULE ROMANSHORN
ERWEITERUNG / EXPANSION, S 2000, 2. RANG / 2ND PRIZE

2001

EINFAMILIENHAUS HASSLERWEG, AARAU
P 1998, A 2000/01

EINFAMILIENHAUS AHORNWEG, AARAU
UMBAU UND ERWEITERUNG / CONVERSION AND EXPANSION,
P 1999, A 2000/01

EINFAMILIENHAUS ALPENBLICK, ERLINSBACH
P 1999, A 2000/01

ZWEIFAMILIENHAUS GOLDERNSTRASSE, AARAU
P 1999, A 2000/01

GARTENPAVILLON WELTISTRASSE, AARAU (→72)
P 1999, A 2001
BAUHERRSCHAFT / BUILDER: PRIVAT / PRIVATE
BAUINGENIEURE / CIVIL ENGINEERS: WILHELM + WAHLEN, AARAU
LANDSCHAFTSARCHITEKTEN / LANDSCAPE ARCHITECTS:
APPERT & ZWAHLEN, CHAM

ZAHNARZTPRAXIS BAHNHOFSTRASSE, AARAU
INNENAUSBAU / INTERIOR FINISHING, P 2000, A 2000/01

ZAHNARZTPRAXIS BLEICHEMATTSTRASSE, AARAU
INNENAUSBAU / INTERIOR FINISHING, P 2000, A 2000/01

KUPPEL UND PARKANLAGE NACHTIGALLENWÄLDELI,
BASEL
W 2001, 3. PREIS / 3RD PRIZE

REKRUTIERUNGSZENTRUM NORDWESTSCHWEIZ, AARAU
P 2001

SCHULAREAL KRETZ, ERLINSBACH
W 2001, 3. PREIS / 3RD PRIZE

2002

GEMEINDEHAUS, SEENGEN
W 1999, 1. RANG / 1ST PRIZE, A 2001/02

EINFAMILIENHAUS HÄSIWEG, ERLINSBACH
UMBAU / CONVERSION, P 1999, A 2001/02

GEMEINDEHAUS HAUSEN (→26)
UMBAU UND ERWEITERUNG / CONVERSION AND EXPANSION,
W 1999, 1. PREIS / 1ST PRIZE, A 2001/02
BAUHERRSCHAFT / BUILDER: EINWOHNERGEMEINDE HAUSEN
BAUINGENIEURE / CIVIL ENGINEERS: WILHELM + WAHLEN, AARAU
HLKS-INGENIEURE / HVAC AND SANITATION ENGINEERS:
KALT + HALBEISEN, KLEINDÖTTINGEN

FACHHOCHSCHULE AARGAU,
BEREICH SOZIALE ARBEIT, BRUGG
UMBAU / CONVERSION, P 2000, A 2001/02

MENSA KANTONSSCHULE WETTINGEN
S 2002

GEMEINDEHAUS ZUFIKON
ERWEITERUNG / EXPANSION, S 2002

«PROJEKT HORIZONT» KANTONSSPITAL FRAUENFELD
PROJEKT 2008, AUSFÜHRUNG 2014–2019

GRÜNES HAUS, REINACH
UMBAU UND ERWEITERUNG / CONVERSION AND EXPANSION,
S 2002, 2. RANG / 2ND PRIZE

GESTALTUNG ALTSTADT 2003, AARAU
S 2002

EINFAMILIENHAUS SONNENBERGSTRASSE, LENZBURG
S 2002

MENSA ALTE KANTONSSCHULE AARAU
W 2002

2003

GESCHÄFTSHAUS RENTENANSTALT, AARAU
SANIERUNG / RENOVATION, P 2000, A 2002/03

EINFAMILIENHAUS FESENACKER, BÖZEN
P 2001, A 2002/03

SCHULHAUS LINDENFELD, BURGDORF
W 2003

WERKSTÄTTEN HEUWIESE, STIFTUNG LEBENSHILFE,
REINACH
W 2003

TERRASSENHAUS HÄSIWEG, ERLINSBACH
P 2003

NEUE AARGAUER BANK, GESCHÄFTSSTELLE TELLI, AARAU
UMBAU / CONVERSION, P 2003, A 2003

2004

EINFAMILIENHAUS OBERRIEDWEG, BELP
P 2002, A 2003/04

EINFAMILIENHAUS DOSSENSTRASSE, AARAU
UMBAU / CONVERSION, P 2003, A 2003/04

EINFAMILIENHAUS ALPENBLICK, ERLINSBACH
ERWEITERUNG / EXPANSION, P 2003, A 2003/04

2005

EINFAMILIENHAUS VIA COLLINA D'ORO, AGRA
P 2003, A 2004/05

EINFAMILIENHAUS KIRCHMOOSSTRASSE, ZOFINGEN
P 2004, A 2004/05

EINFAMILIENHAUS BÜHLRAIN, AARAU
UMBAU / CONVERSION, P 2004, A 2005

SCHULANLAGE BLAUEN, LAUFENBURG
ERWEITERUNG / EXPANSION, S 2005

ÜBERBAUUNG UERKENWEG, OBERENTFELDEN
P 2005

STIFTUNG DIAKONISSENSTATION «STÖCKLI», AARAU
P 2005

2006

WOHN- UND GESCHÄFTSGEBÄUDE
HERZOGHAUS, AARAU (→76)
P 2003, A 2005/06
BAUHERRSCHAFT / BUILDER: HERZOGHAUS AG, AARAU
BAUINGENIEURE / CIVIL ENGINEERS: MUND GANZ + PARTNER, AARAU
HLS-INGENIEURE / INDUSTRIAL SYSTEMS ENGINEERS:
PETER KELLER + PARTNER, AARAU

HOTEL- UND SEMINARGEBÄUDE GEISSFLUE,
BARMELWEID
UMBAU / CONVERSION, P 2003, A 2005/06

EINFAMILIENHAUS WALTHER-MERZ-WEG, AARAU
UMBAU UND ERWEITERUNG / CONVERSION AND EXPANSION,
P 2004, A 2005/06

EINFAMILIENHAUS SAXERSTRASSE, AARAU
P 2004, A 2005/06

EINFAMILIENHAUS REBBERGSTRASSE, WIDEN
ANBAU / ANNEX, P 2005, A 2006

FEUERWEHRSTÜTZPUNKT FORSTHAUS WEST, BERN
W 2006

TERRASSENHÄUSER REBENHÜBEL, SCHAFISHEIM
P 2006

2007

MEHRZWECKHALLE UND DORFPLATZ, REIDEN (→110)
W 2004, 1. PREIS / 1ST PRIZE, A 2006/07
BAUHERRSCHAFT / BUILDER: EINWOHNERGEMEINDE REIDEN
BAUINGENIEURE TIEFBAU / CIVIL ENGINEERS UNDERGROUND CONSTRUCTION:
PLÜSS MEYER PARTNER, LUZERN
BAUINGENIEURE HOCHBAU / CIVIL ENGINEERS BUILDING CONSTRUCTION:
WILHELM + WAHLEN, AARAU
ELEKTROINGENIEURE / ELECTRICAL ENGINEERS:
HEFTI HESS MARTIGNONI, AARAU
HLS-INGENIEURE / INDUSTRIAL SYSTEMS ENGINEERS:
LEIMGRUBER FISCHER SCHAUB, ENNETBADEN
FASSADENPLANER / FAÇADE DESIGNERS: MEBATECH, BADEN
LICHTPLANER / LIGHTING DESIGNERS: MOSERSIDLER, ZÜRICH
LANDSCHAFTSARCHITEKTEN / LANDSCAPE ARCHITECTS:
APPERT & ZWAHLEN, CHAM

EINFAMILIENHAUS WALTHERSBURGSTRASSE, AARAU
SANIERUNG / RENOVATION, P 2006, A 2007

SPITAL MENZIKEN
ERWEITERUNG / EXPANSION, S 2007

SCHULHAUS GÖNHARD, AARAU
SANIERUNG UND ERWEITERUNG / RENOVATION AND EXPANSION, S 2007

ZENTRALRAUM JUSTIZVOLLZUGSANSTALT, LENZBURG
INNENAUSBAU / INTERIOR FINISHING, S 2007

PRIVATBETTENSTATIONEN KANTONSSPITAL FRAUENFELD
UMBAU / CONVERSION, P 2007, A 2007

ÜBERBAUUNG ELECTROLUX AREAL, HAUPTSITZ SWISSGRID UND WOHNUNGSBAU, AARAU,
PROJEKT 2013, AUSFÜHRUNG 2015–2017

2008

NOTFALL- UND INTENSIVSTATION
KANTONSSPITAL FRAUENFELD (→32)
UMBAU UND ERWEITERUNG / CONVERSION AND EXPANSION,
W 2002, 1. PREIS / 1ST PRIZE, A 2006–2008
BAUHERRSCHAFT / BUILDER:
KANTON THURGAU / SPITAL THURGAU AG, FRAUENFELD
SPITAL-/MEDIZINALPLANUNG / HOSPITAL AND MEDICAL INTERIOR DESIGN:
STEIGERPARTNER, ZÜRICH
BAULEITUNG / CONSTRUCTION MANAGEMENT:
DEMMEL BAULEITUNGEN + BERATUNGEN, ZÜRICH
ELEKTROINGENIEURE / ELECTRICAL ENGINEERS:
IBG B. GRAF ENGINEERING, WEINFELDEN
SANITÄRINGENIEURE / TECHNICAL FACILITY ENGINEERS:
EDWIN KELLER + PARTNER, FRAUENFELD
HLKK-INGENIEURE / HVAC ENGINEERS: PGMM SCHWEIZ, WINTERTHUR
GEBÄUDETECHNIK BESTAND / BUILDING TECHNOLOGY STOCK:
PZM POLKE, ZIEGE, VON MOOS, ZÜRICH
FASSADENPLANER / FAÇADE PLANNERS: MEBATECH, BADEN
LICHTPLANER / LIGHTING DESIGNERS: TT LICHT, ZÜRICH
LANDSCHAFTSARCHITEKTEN / LANDSCAPE ARCHITECTS:
APPERT & ZWAHLEN, CHAM
SIGNALETIK / SIGNAGE: DUPLEX DESIGN, BASEL

MENSA UND MEDIENZENTRUM
ALTE KANTONSSCHULE AARAU (→40)
UMBAU UND ERWEITERUNG / CONVERSION AND EXPANSION,
S 2005, 1. RANG / 1ST PRIZE, A 2007/08
IN ARGE MIT / A COOPERATION WITH MARCEL EICHENBERGER ARCHITEKTEN,
KÜTTIGEN, UND / AND ANDREAS MARTI UND PARTNER, AARAU
BAUHERRSCHAFT / BUILDER: KANTON AARGAU
BAUINGENIEURE / CIVIL ENGINEERS: HÄRDI & FRITSCHI, AARAU
ELEKTROINGENIEURE / ELECTRICAL ENGINEERS:
BÄRTSCH MESSERLI, OBERENTFELDEN
HLK-INGENIEURE / HVAC ENGINEERS: HANS ABICHT, AARAU
SANITÄRINGENIEURE / SANITATION ENGINEERS: BÖSCH, AARAU
FASSADENPLANER / FAÇADE PLANNERS: MEBATECH, BADEN
LANDSCHAFTSARCHITEKTEN / LANDSCAPE ARCHITECTS:
APPERT & ZWAHLEN, CHAM
KUNST AM BAU / ART IN ARCHITECTURE PROJECT: KATHARINA GROSSE, BERLIN

EINFAMILIENHAUS GOLDERNSTRASSE, AARAU
UMBAU / CONVERSION, P 2007, A 2007/08

CLIENTIS BANK KÜTTIGEN-ERLINSBACH, ERLINSBACH
INNENAUSBAU / INTERIOR FINISHING, P 2007, A 2008

CLIENTIS BANK KÜTTIGEN-ERLINSBACH, KÜTTIGEN
INNENAUSBAU / INTERIOR FINISHING, P 2007, A 2008

WELLNESSBEREICH THERMALBAD ZURZACH
AUFSTOCKUNG / ADDITION OF STOREYS, S 2008, 1. RANG / 1ST PRIZE

KLINIK VILLA IM PARK, ROTHRIST
UMBAU UND ERWEITERUNG / CONVERSION AND EXPANSION,
S 2008, 1. RANG / 1ST PRIZE

KANTONSSPITAL GRAUBÜNDEN, CHUR
UMBAU UND ERWEITERUNG / CONVERSION AND EXPANSION, W 2008

KANTONSSPITAL BRUDERHOLZ, BASEL-LANDSCHAFT
UMBAU UND ERWEITERUNG / CONVERSION AND EXPANSION,
2008, 7. PREIS / 7TH PRIZE

«PROJEKT HORIZONT» KANTONSSPITAL FRAUENFELD
UMBAU UND ERWEITERUNG / CONVERSION AND EXPANSION,
W 2002, 1. PREIS / 1ST PRIZE, P 2008, A 2014–2019 VORAUSSICHTLICH / ESTIMATED

2009

KASERNEN-PARKING, AARAU (→84)
P 2006, A 2008/09
BAUHERRSCHAFT / BUILDER: BAHNHOF PARKING AG / STADT AARAU
BAUINGENIEURE / CIVIL ENGINEERS: SUISSEPLAN INGENIEURE, AARAU
ELEKTROINGENIEURE / ELECTRICAL ENGINEERS: HERZOG KULL GROUP, AARAU
HLKS-INGENIEURE / HVAC AND SANITATION ENGINEERS: HANS ABICHT, AARAU
VERKEHRSPLANER / TRAFFIC PLANNERS: BALLMER + PARTNER, AARAU
LICHTPLANER / LIGHTING DESIGNERS: MOSERSIDLER, ZÜRICH
LANDSCHAFTSARCHITEKTEN / LANDSCAPE ARCHITECTS:
APPERT & ZWAHLEN, CHAM

WOHNHAUS DISTELBERGSTRASSE, AARAU (→90)
P 2007, A 2008/09
BAUHERRSCHAFT / BUILDER: PRIVAT / PRIVATE
BAUINGENIEURE / CIVIL ENGINEERS: BODMER MATTER HEALY, AARAU
ELEKTROPLANER / ELECTRICAL DESIGNERS: ELEKTRO R. RÄSS, OBERENTFELDEN
HLKS-INGENIEURE / HVAC AND SANITATION ENGINEERS:
LEIMGRUBER FISCHER SCHAUB, ENNETBADEN
LICHTPLANER / LIGHTING DESIGNERS: MOSERSIDLER, ZÜRICH
LANDSCHAFTSARCHITEKTEN / LANDSCAPE ARCHITECTS:
SCHWEINGRUBER ZULAUF, ZÜRICH
KUNST AM BAU / ART IN ARCHITECTURE PROJECT:
ALEX HANIMANN, ST. GALLEN

WOHNHAUS MIT PFERDESTALLUNGEN, FREIAMT
P 2007, A 2008/09

VELOPARKING BAHNHOF SÜD, AARAU
S 2009

MASCHINENHAUS FLUSSKRAFTWERK, AARAU
ERNEUERUNG / RENOVATION, S 2009

REHAKLINIK, BELLIKON
S 2009, 3. PREIS / 3RD PRIZE

AUGENKLINIK LUZERNER KANTONSSPITAL, LUZERN
UMBAU UND ERWEITERUNG / CONVERSION AND EXPANSION,
S 2009, 1. RANG / 1ST PRIZE, A 2011–2015 VORAUSSICHTLICH / ESTIMATED

2010

SENIORENZENTRUM WASSERFLUE, KÜTTIGEN (→50)
ERWEITERUNG / EXPANSION,
S 2006, 1. RANG / 1ST PRIZE, A 2008–2010
BAUHERRSCHAFT / BUILDER: STIFTUNG ALTERSSIEDLUNG KÜTTIGEN
BAUINGENIEURE / CIVIL ENGINEERS:
HÄRDI & FRITSCHI, AARAU / ROTHPLETZ, LIENHARD + CIE, AARAU
ELEKTROINGENIEURE / ELECTRICAL ENGINEERS:
HEFTI HESS MARTIGNONI, AARAU
HLKS-INGENIEURE / HVAC AND SANITATION ENGINEERS:
LEIMGRUBER FISCHER SCHAUB, ENNETBADEN
LICHTPLANER / LIGHTING DESIGNERS: MOSERSIDLER, ZÜRICH
LANDSCHAFTSARCHITEKTEN / LANDSCAPE ARCHITECTS:
APPERT & ZWAHLEN, CHAM

WOHNHAUS RIETLIWEG, EMMETTEN
P 2008, A 2009/10

ALTERSWOHNUNGEN IM BÜEL, CHAM
PROJEKT 2011, AUSFÜHRUNG 2013–2015

GÄRTNERHAUS ALTE KANTONSSCHULE AARAU (→118)
P 2009, A 2010
BAUHERRSCHAFT / BUILDER: KANTON AARGAU
BAULEITUNG / CONSTRUCTION MANAGEMENT:
ANDREAS MARTI UND PARTNER, AARAU
HOLZBAUINGENIEURE / TIMBER FRAME ENGINEERS:
MAKIOL + WIEDERKEHR, BEINWIL AM SEE

ZUKUNFT ALTERSZENTRUM BRUGG
S 2010, ARGE MIT / A COOPERATION WITH OESCHGER ARCHITEKTEN, HAUSEN

ENTWICKLUNGSPLANUNG BAHNHOFAREAL, WETTINGEN
S 2010

KANTONSSPITAL OBWALDEN, SARNEN
W 2010, 3. PREIS / 3RD PRIZE

EPI-KLINIK, ZÜRICH
W 2010, 2. PREIS / 2ND PRIZE

SPORTANLAGE TÄGERHARD, WETTINGEN
W 2010

DREIFAMILIENHAUS MANSBERGWEG, BADEN
P 2010

EINFAMILIENHAUS SIGNALSTRASSE, AARAU
P 2010, A 2014/15 VORAUSSICHTLICH / ESTIMATED

KANTONALE NOTRUFZENTRALE, AARAU
S 2010, 1. RANG / 1ST PRIZE, A 2014–2016 VORAUSSICHTLICH / ESTIMATED

ÜBERBAUUNG MÜHLEMATTSTRASSE, AARAU
S 2010, 1. RANG / 1ST PRIZE, A 2014–2016 VORAUSSICHTLICH / ESTIMATED

2011

PFLEGEZENTRUM BARMELWEID (→62)
UMBAU UND ERWEITERUNG / CONVERSION AND EXPANSION,
P 2001, A 2009–2011
BAUHERRSCHAFT / BUILDER: PFLEGEZENTRUM BARMELWEID AG, BARMELWEID
BAUINGENIEURE / CIVIL ENGINEERS: WILHELM + WAHLEN, AARAU
ELEKTROINGENIEURE / ELECTRICAL ENGINEERS: HERZOG KULL GROUP, AARAU
HLK-INGENIEURE / HVAC ENGINEERS: KÜNZLE + PARTNER, HORW-LUZERN
SANITÄRINGENIEURE / SANITATION ENGINEERS:
ARREGGER + PARTNER, LUZERN
LICHTPLANER / LIGHTING DESIGNERS: REFLEXION, ZÜRICH
LANDSCHAFTSARCHITEKTEN / LANDSCAPE ARCHITECTS:
APPERT & ZWAHLEN, CHAM
KUNST AM BAU / ART IN ARCHITECTURE PROJECT:
CHRISTIAN HERDEG, ZÜRICH

PFARREIHEIM ST. SEBASTIAN, WETTINGEN (→56)
UMBAU UND ERWEITERUNG / CONVERSION AND EXPANSION,
W 2008, 1. PREIS / 1ST PRIZE, A 2009–2011
BAUHERRSCHAFT / BUILDER: RÖM.-KATH. KIRCHGEMEINDE WETTINGEN
BAUINGENIEURE / CIVIL ENGINEERS: HEALY + PARTNER ENGINEERING, AARAU
ELEKTROINGENIEURE / ELECTRICAL ENGINEERS: SCHÄFER PARTNER, LENZBURG
HLS-INGENIEURE / INDUSTRIAL SYSTEMS ENGINEERS:
URS WÜRMLI HAUSTECHNIK-PLANUNG, WETTINGEN
LICHTPLANER / LIGHTING DESIGNERS: AMSTEIN + WALTHERT, ZÜRICH
LANDSCHAFTSARCHITEKTEN / LANDSCAPE ARCHITECTS:
APPERT & ZWAHLEN, CHAM

KULTURZENTRUM WYGÄRTLI, ERLINSBACH
UMBAU / CONVERSION, P 2008, A 2009–2011

EINFAMILIENHAUS LANDHAUSWEG, AARAU
UMBAU / CONVERSION, P 2009, A 2010/11

WOHNHAUS GOLDERNSTRASSE, AARAU (→98)
P 2009, A 2010/11
BAUHERRSCHAFT / BUILDER: PRIVAT / PRIVATE
BAUINGENIEURE / CIVIL ENGINEERS: WILHELM + WAHLEN, AARAU
ELEKTROPLANER / ELECTRICAL DESIGNERS:
ELEKTRO R. RÄSS, OBERENTFELDEN
HLS-INGENIEURE / INDUSTRIAL SYSTEMS ENGINEERS: CALORPLAN, REINACH
LICHTPLANER / LIGHTING DESIGNERS: MOSERSIDLER, ZÜRICH
LANDSCHAFTSARCHITEKTEN / LANDSCAPE ARCHITECTS:
MÜLLER ILLIEN, ZÜRICH

ZWEI ZWEIFAMILIENHÄUSER AM PARKWEG, AARAU
P 2010, A 2010/11

BAHNHOFGEBIET UND AREAL WEST, LENZBURG
S 2011

ALTERSWOHNUNGEN IM BÜEL, CHAM
S 2011, 1. RANG / 1ST PRIZE, A 2013–2015 VORAUSSICHTLICH / ESTIMATED,
ARGE MIT / A COOPERATION WITH OESCHGER ARCHITEKTEN, HAUSEN

HOCHHAUS UND BÜROGEBÄUDE GASTROSOCIAL, TORFELD SÜD, AARAU
S 2011, 1. RANG / 1ST PRIZE, A 2013–2015 VORAUSSICHTLICH / ESTIMATED

KIRCHE UND WOHNBAU, ZOFINGEN
S 2011, 1. RANG / 1ST PRIZE, A 2014–2016 VORAUSSICHTLICH / ESTIMATED

2012

WOHNHÄUSER RÖSSLIGUT, AARAU (→122)
W 2009, 1. PREIS / 1ST PRIZE, A 2010–2012
BAUHERRSCHAFT / BUILDER: VALLI TERRA AG, AARAU
BAUINGENIEURE / CIVIL ENGINEERS: WILHELM + WAHLEN, AARAU
ELEKTROINGENIEURE / ELECTRICAL ENGINEERS:
HEFTI HESS MARTIGNONI, AARAU
HLS-INGENIEURE / INDUSTRIAL SYSTEMS ENGINEERS: HANS ABICHT, AARAU
LANDSCHAFTSARCHITEKTEN / LANDSCAPE ARCHITECTS:
APPERT & ZWAHLEN, CHAM

WELLNESSANLAGE OBERHOLZSTRASSE, AARAU
UMBAU / CONVERSION, P 2011, A 2011/12

VIER MEHRFAMILIENHÄUSER GENERAL-GUISAN-STRASSE, AARAU
ERSATZNEUBAU / NEW, REPLACEMENT BUILDING, P 2012

ZENTRUMSPLANUNG OBERDORF, STETTEN
S 2012, 1. RANG / 1ST PRIZE, P 2013/14

STADTVILLEN AESCHBACHQUARTIER, AARAU
P 2012, A 2014–2016 VORAUSSICHTLICH / ESTIMATED

HOCHHAUS TOWER, WINDISCH
PROJEKT 2014

2013

WOHNÜBERBAUUNG SANDSTRASSE, NEUENHOF (→128)

P 2008, A 2011–2013
BAUHERRSCHAFT / BUILDER: AXA LEBEN AG, ZÜRICH
BAULEITUNG / CONSTRUCTION MANAGEMENT:
DEMMEL BAULEITUNGEN + BERATUNG, ZÜRICH
BAUINGENIEURE / CIVIL ENGINEERS: BÄNZIGER PARTNER, BADEN
ELEKTROINGENIEURE / ELECTRICAL ENGINEERS: HERZOG KULL GROUP, AARAU
HLS-INGENIEURE / INDUSTRIAL SYSTEMS ENGINEERS: HANS ABICHT, AARAU
LANDSCHAFTSARCHITEKTEN / LANDSCAPE ARCHITECTS:
ROTZLER KREBS PARTNER, WINTERTHUR

WOHNÜBERBAUUNG FIORELLA, NIEDERGÖSGEN

P 2009, A 2011–2013

PROPSTEI, WISLIKOFEN

ANBAU / ANNEX, W 2011, 1. RANG / 1ST PRIZE, A 2012/13

STADTKIRCHE AARAU

INNENAUSBAU / INTERIOR FINISHING, S 2013, 2. RANG / 2ND PRIZE,
ARGE MIT / A COOPERATION WITH FRÉDÉRIC DEDELLEY, ZÜRICH

STADTRAUM BAHNHOF LANGENTHAL

S 2013, 1. RANG TEIL STÄDTEBAU / 1ST PRIZE CATEGORY URBAN PLANNING

EUROPAALLEE BAUFELD D, ZÜRICH

W 2013

ÜBERBAUUNG AREAL ZAHNRADFABRIK, RHEINFELDEN

W 2013, 3. RANG / 3RD PRIZE

MEHRFAMILIENHAUS GEBONITA, AARAU

P 2013, A 2014/15 VORAUSSICHTLICH / ESTIMATED

ÜBERBAUUNG ELECTROLUX AREAL, HAUPTSITZ SWISSGRID UND WOHNUNGSBAU, AARAU

S 2013, 1. RANG / 1ST PRIZE, A 2015–2017 VORAUSSICHTLICH / ESTIMATED

2014

WOHNÜBERBAUUNG AARENAU, AARAU

S 2010, 1. RANG / 1ST PRIZE, A 2010–2014

WOHN- UND GESCHÄFTSHAUS AARHOF, AARAU

P 2010, A 2012–2014

PARKIERUNGSANLAGE KANTONSSPITAL FRAUENFELD

P 2011, A 2013/14

EINFAMILIENHAUS BUCHHALDE, ERLINSBACH

P 2012, A 2013/14

EINFAMILIENHAUS SIGNALSTRASSE, AARAU

UMBAU / CONVERSION, P 2012, A 2013/14

WOHNHAUS MIT ARZTPRAXIS, AARAU

UMBAU / CONVERSION, P 2012, A 2013/14

CLIENTIS BANK KÜTTIGEN-ERLINSBACH, LOSTORF

INNENAUSBAU / INTERIOR FINISHING, P 2013, A 2013/14

RECHTSMEDIZIN UND KLINISCHE FORSCHUNG UNIVERSITÄT BERN

S 2014, 1. RANG / 1ST PRIZE

HOCHHAUS TOWER, WINDISCH

S 2014, 1. RANG / 1ST PRIZE

NEUBAU FÜR ORGANZENTREN, INSELSPITAL, BERN

S 2014, 1. RANG / 1ST PRIZE

BIOGRAFIEN / BIOGRAPHIES

THOMAS SCHNEIDER

1965 in Aarau geboren. Architekturstudium an der ETH Zürich, 1993 Diplom bei Prof. Alexander Henz. Seit 1997 gemeinsames Architekturbüro mit Beat Schneider. 2005 Aufnahme in den BSA.

Born in Aarau in 1965. Studied architecture at ETH Zurich, diploma with Prof. Alexander Henz in 1993. Architectural firm with Beat Schneider since 1997. Admitted to the Federation of Swiss Architects (BSA) in 2005.

BEAT SCHNEIDER

1968 in Aarau geboren. Architekturstudium an der ETH Zürich, 1996 Diplom bei Prof. Flora Ruchat-Roncati. Seit 1997 gemeinsames Architekturbüro mit Thomas Schneider. 2005 Aufnahme in den BSA.

Born in Aarau in 1968. Studied architecture at ETH Zurich, diploma with Prof. Flora Ruchat-Roncati in 1996. Architectural firm with Thomas Schneider since 1997. Admitted to the BSA in 2005.

THOMAS BLÖCHLIGER

1974 in Hochdorf geboren. Architekturstudium an der ETH Zürich, 2001 Diplom bei Prof. Flora Ruchat-Roncati. Seit 2002 bei Schneider & Schneider Architekten. 2006–2013 Associé, seit 2014 Partner.

Born in Hochdorf in 1974. Studied architecture at ETH Zurich, diploma with Prof. Flora Ruchat-Roncati in 2001. With Schneider & Schneider Architekten since 2002; associate from 2006 to 2013, partner since 2014.

MICHAEL JUNG

1975 in Männedorf geboren. Architekturstudium an der ETH Zürich und an der EPF Lausanne, 2002 Diplom bei Prof. Flora Ruchat-Roncati. Seit 2003 bei Schneider & Schneider Architekten. 2006–2013 Associé, seit 2014 Partner.

Born in Männedorf in 1975. Studied architecture at ETH Zurich und at the EPF Lausanne, diploma with Prof. Flora Ruchat-Roncati in 2002. With Schneider & Schneider Architekten since 2003; associate from 2006 to 2013, partner since 2014.

Barbara Achermann, Marlen Aeschlimann, *Vida Amani*, Manuel Amato, *Tobias Ammann*, Clara Balsach, *Belma Baltepe*, Reto Baumann, *Sabrina Beck*, Jessica Besch, Bruno Birrer, Michelle Bodmer, *Julia Bohler*, *Roger Brühwiler*, Florio Büchler, Patrick Burri, Ana Cavaco, Jung Min Choi, *Daniel Chour*, *Cédric von Däniken*, *Barbara Demont Hofmann*, Valentin Deschenaux, *David Dick*, Marc Diener, Tom Dowdall, Mathias Egg, *Anita Emele*, Mario Erbs, Xiaohong Feng, Paula Fischer, *Sandra Fischer*, *Regina Fürst*, Stefan Gantner, Carlos Garcia, Dominic Gautschi, *Kolja Gerlach*, Alice Gläser, *Walter Gloor*, Philipp Glück, Cornelia Glutz, Oliver Gosteli, *Stefan Günther*, Lukas Gysin, *Lisa Haller*, Rahel Hänggi, *Tina Härtel*, Monica Hättenschweiler, Marcus Hartmann, Tim Hercka, Stefan Hofer, *Daniel Hövels*, Corinne Hürlimann, *Stefanie Illi*, Heike Immink, Simone Jaun, *Roman Jeker*, Klara Kadovic, Fabienne Kalt, Pia Kalverkamp, Oliver Kaufmann, Walter Keiser, Sophia Kirchhofer, Margarita Klee, *Lena Klein*, Joel Koilpillai, *Sven Konrad*, Michael Konstanzer, Ina Kreutz, Anne-Marie Kristokat, Daniel Laubrich, *Nadine Lebong*, Patricia Lehner, Roger Lehner, Fiona Leuzinger, Xiang Li, Helena Lopes, Julia Maurer, Christoph Mettler, Stefan Moser, Marcus Müller, *Nadine Müller*, Henrik Mundorf, Thomas Nadler, Carla Nicola, *Andreas Obenauer*, Monika Obrist, *Markus Oegerli*, *Madeleine Ohla*, Peter Osterwalder, *Domenico Parini*, Stephanos Paximadas, *Sebastian Pertl*, *Angela Pfenninger*, Miriam Poch, Sabine Poeschk, Markus Popp, *Cornelius Rentsch*, Florian Rietmann, *Peter Roch*, Patricia Rodrigues, *Manuel Rohrhofer*, Manuela Ronchetti, *Elena Samkowski*, Cornelia Sbieschni, *Yvonne Schindler*, Carsten Scholz, Dieter Schudel, Giancarlo Serafin, Sophia Sigg, *Max Simmendinger*, Nicola Siegrist, *Kathleen Sippach*, Fabian Spahr, *Florian Steffen*, Olivia Steiger, *Veronika Steiger*, Sebastian Stein, Linda Steiner, Mario Steiner, Raphael Steiner, *Hanne Stockburger*, Adrian Stolz, Thomas Taufer, András Tóthfalussy, *Mischa Trnka*, *Philipp Tscholl*, Dominique Turzer, Sandra Ullrich, Karin Ungerer, Jens Van Zele, Nuria Vidal, Hanspeter Villiger, Sabine Walker, Nic Wallimann, Sebastian Warz, Claude-Pascal Wieser, *Lars Wobar*, Anna Wöllhaf, Boris Wolf, Patrick Wolf, *Laura Yeginsoy*, Gözde Yumusak, *Christoph Zechmeister*, *Christian Zehnder*, Fabian Ziltz, Michael Zink, Fabienne Zwyssig

Ehemalige kursiv / former staff in italics

AUTOREN / AUTHORS

Michael Hanak (*1968) ist Kunst- und Architektur-
historiker in Zürich. Studium der Kunstgeschichte,
Filmwissenschaft und Publizistik an der Universität
Zürich. Freiberufliche Tätigkeit als Architektur-
vermittler – so als Publizist, Dozent und Denkmalpfleger.

Michael Hanak (*1968) is an art and architectural
historian in Zurich. He studied art history, film studies,
and journalism at the University of Zurich. He is
a freelance architectural agent – as well as publicist,
docent, and monument conservator.

Markus Friedli (*1958) ist Kantonsbaumeister des
Kantons Thurgau. Architekturstudium an der HTL Burgdorf und an der ETH Zürich. 1988–1993 Assistent bei
Prof. Flora Ruchat-Roncati an der ETH Zürich. 1987–1999
eigenes Architekturbüro in Basel und Schaffhausen.

Markus Friedli (*1958) is the county master builder of
the Canton of Thurgau. He studied architecture at
HTL Burgdorf and at ETH Zurich. He was an assistant to
Prof. Flora Ruchat-Roncati at ETH Zurich from 1988
to 1993. He had his own architectural office in Basel and
Schaffhausen from 1987 to 1999.

Leonardo Finotti (*1977) ist Architekturfotograf
mit Standorten in São Paulo, Montevideo und Lissabon.
Architekturstudium an der Universidade Federal de
Uberlândia, Brasilien, und am Bauhaus Dessau. Seit 2002
hauptberuflicher Architekturfotograf. Laufend internationale Ausstellungen.

Leonardo Finotti (*1977) is an architectural photographer based in São Paulo, with offices in Montevideo
and Lisbon. He obtained his architecture degree at the
UFU in Uberlândia, Brazil, and his graduate training
at Bauhaus Dessau in Germany. He has worked full-time
as an architectural photographer since 2002. Several
exhibitions around the world.

ABBILDUNGSNACHWEIS / PICTURE CREDITS

S. / pp. 8, 9, 12, 16, 17, 167 oben / top:
Heinrich Helfenstein, Zürich
S. / p. 10: Georg Aerni, Zürich
S. / pp. 11, 13, 14, 18, 19 links / left: Roger Frei, Zürich
S. / p. 12 unten / bottom: Gasser und Eckert, Zürich
S. / p. 15: Margherita Spiluttini, Wien
S. / pp. 19 rechts / right, 20 links / left:
Fotoarchiv Kollhoff Architekten, Berlin
S. / p. 20 rechts / right: Bruno Balestrini, Mailand
S. / pp. 26–37, 39–133, 171, 172, 175, 176: Leonardo Finotti,
São Paulo
S. / p. 38: Jürg Zimmermann, Zürich
S. / p. 166: Philipp Leuzinger (kant. Hochbauamt Thurgau)
S. / pp. 170, 173, 174: Sabine Dreher, Zürich
S. / p. 180: Meier Dudesek, Zürich
S. / pp. 182, 186: Nightnurse images, Zürich
S. / pp. 184, 188: Raumgleiter, Zürich

DANK / ACKNOWLEDGMENTS

Für die wohlwollende Unterstützung danken
wir vielmals / We would like to heartily thank for
their generous support:

STADT AARAU

SWISSLOS-FONDS KANTON AARGAU

HOCHBAUAMT KANTON THURGAU

SPITAL THURGAU AG

KULTURSTIFTUNG NEUE AARGAUER BANK

SCHWEIZER KULTURSTIFTUNG PRO HELVETIA

IMPRESSUM / IMPRINT

world architects monographs #1
Eine internationale Reihe von Monografien über
zeitgenössische Architekten / An international series
of monographs on contemporary architects

Reihenkonzept / series concept
Michael Hanak, Jürg Schönenberger

Transkription / transcription interview
Eva Nägeli, Basel

Lektorat / editorial direction
Marion Elmer, Zürich

Übersetzung / translation
Lisa Rosenblatt, Wien

Gestaltung / graphic design
Bernet & Schönenberger, Zürich

Druck und Bindung / printing and binding
Freiburger Graphische Betriebe, Freiburg

© 2014 PSA Publishers Ltd., Zürich

Verlag / editor
PSA Publishers Ltd.
Ausstellungsstrasse 25
8005 Zürich
www.world-architects.com

Vertrieb an Buchhandlungen / distribution to bookshops
Helden Verlag, Zürich

ISBN 978-3-905748-15-4

Diese Monografie ist im iBooks Store von Apple auch
digital erhältlich / This monograph can be purchased as
digital book from Apple's iBooks Store.